ベーシックインカムから考える

# 幸福のための安全保障

西野卓郎

幻冬舎ルネッサンス新書

229

# はじめに

就職したとき、みんなが少しでも暮らしやすく、楽しく生きていける世の中にしたいと思っていました。同僚には障害者もいました。30歳を過ぎて結婚をして、5年後に子どもを授かりました。バブル崩壊により、職を失った同級生もいました。義妹はシングルマザーになりました。中堅になる頃にはパソコンとインターネットが普及しはじめました。40代の私は心の病とも無縁ではありませんでした。そして地球環境問題が大きくクローズアップされるようになり、最近では、災害のたびに気候変動を実感するようになりました。

そこへ降ってわいた新型コロナウイルス感染症（COVID-19）の流行です。誰もが突然にダメージを受け、生命を奪われ、日々の暮らしを破壊されるという事態に見舞われる確率がゼロではない、ということを実感させるに十分過ぎるインパクトがありました。

また、人口減少や少子化が人々の不安を掻き立てています。子どもの貧困がクローズアップされ、児童虐待や保育所の不足が注目されるようになっています。

本稿は、このような時代において、私たちが進むべき方向について、「人間の安全保障」「家族の安全保障」「社会の安全保障」「人類の安全保障」という視点からの整理を試みたものです。

１９９０年代から国連で大切に育てられてきた「人間の安全保障」という概念の根底には、「個人の幸福」という視点だけでなく、一人の人間の幸福は周りの人びとから切り離されたものとしては存在し得ず、家族や職場や地域社会、ひいては国際社会の人びとの幸福が追求されるべきであるという考えが存在していると思います。

自分たちの世代が現役である期間は、日本が戦闘行為によって一人も戦死者を出すことなく、また「敵」を一人も殺すことなく存在してきたことを私は誇りに思いますが、子や孫から福祉や環境においてはどうであったかと問われれば、自信を持って胸を張ることができません。

今こそ人間の、家族の、社会の、人類の安全保障が必要です。

# ベーシックインカムから考える
# 幸福のための安全保障

目次

契約関係は対等の個人同士を前提にしているのに対して、信任関係とは、対等性をまったく欠いた人間関係である。信任関係の前提となる忠実義務とは、ある人間が自分の利益ではなく、他者の幸福のために忠実に働くということである。現代日本の政治は社会に対して忠実義務を果たしているだろうか。

最近は、子どもの貧困が取りざたされている。私は、日本における貧困の緩和のためには、①子ども・子育て家庭、高齢者、障害者等のための現物給付であるベーシックサービス（BS）、②すべての個人に無条件に給付されるベーシックインカム（BI）、③ハウジングファースト（HF）の考え方に基づく住宅政策、への転換が必要であると考えている。ただし、私としては、BIには「ベーシックインカム」の意味だけではなく、「ブースト・インカム」の意味もあると考えてほしい。「ブースト・インカム」とは、それだけでは十分暮らしていけなくても、現行の社会保障の水準の維持を前提として市民の生活を底上げし、生きづらさを和らげるための仕組みである。

これらは、正規の被雇用者から非正規の被雇用者へ、高齢者から勤労世代へ、東京から地方へ、男性から女性へ、現在から未来へと所得を再配分する意味も含まれている。

どちらの意味であっても、ＢＩは少子化対策や地球温暖化への対策にも意義がある。加えて、これらの延長線上で、地方自治体による施策との関連において、分散型の再生可能エネルギーへのエネルギーシフトや、脳の視床下部で合成されて下垂体後葉から分泌され、愛着の安定化に必要なホルモンであるオキシトシンが支える環境づくりについては、特に力を入れて検討したい。

また、介護、保育、教育、医療等の現物給付、まちづくり施策や、「人口減少」「少子高齢化」へ対応し、人口の定常化を目指す施策等についても、できる限りカバーできるよう心がけた。

地球温暖化の問題は、本当はフローとしての温室効果ガスの排出量が減るだけでは不十分である。低炭素、あるいは近年掲げられている脱炭素であっても、既にストックとなっている大気中の温暖化ガスの上に、さらなる排出を続けることは、気温や海面の上昇幅、気候変動による熱波や超大型台風の発生頻度、さらには、その影響である干ばつ、洪水、森林火災、感染症流行のリスク等を複利で積み立てているようなものだ。あるいは、その対応のための緩和策や適応策に要する額を複利で増やしているといってもよい。

これと同じように、人口の定常化はフローだけでなくストックの問題でもある。少子化を食い止めるためには出生数の増加または定常化に重点を置くことが有効である。

同じく、長い進化の歴史において哺乳類が育んできた愛着システムという生物学的基盤をこの数十年という短い期間で掘り崩してしまっているのは、化石燃料の浪費と似ている。

これらの状況に対応しつつ、若年層は低めの賃金からスタートする場合でも、子育てをする頃には、中間層にたどり着けるような社会。高齢者の金銭的収入は現役の中間層より少ないが、必要な社会保障給付を受けられるため、貯蓄が少なくて済むような社会。事業に失敗してもやり直せる社会。そういう方向に進まなければなるまい。

しかしながら、立ちはだかっている壁は高い。けれどもその壁の厚さは意外に薄いかもしれない。本稿に示したアイデアが、一つでも「蟻の一穴」となるのであればうれしく思う。

本稿ではまず、「人間の安全保障」のための重要な施策としてＢＩやＢＳ、そしてＨＦについて検討しているが、それ以降の「家族の人間保障」「社会の安全保障」「人類の安全保障」等に関する論考においても、これらのことを頭に置きながら読み進めていただければ幸いである。

## 1　人間の安全保障

### ベーシックインカムとハウジングファーストとベーシックサービスを基本に据える

国際連合広報センターホームページには、

「人間の安全保障とは、従来の国家安全保障に代わって人々の安全を保障しようとする概念です。貧困、紛争、環境破壊、感染症など世界の人々が直面する脅威を包括的に捉え、人々を中心とした視点からより効果的に対処することをめざします。」

との説明がある。

この素晴らしい「人間の安全保障」の実現に向けて、私は、ベーシックインカム（以下「ＢＩ」とする。）及びハウジングファースト（以下「ＨＦ」とする。）とベーシックサービス（以下「ＢＳ」とする。）を基礎とする社会づくりが必要だと考える。

ＢＩは、人間は生きているだけで有用であるという考え方に基づき、給付対象を全世代、全階層に広げた新たな社会保障制度である。

また、ＨＦの前提にある住まいを重要視する考え方について考えるとき、沖縄大学教授で児童福祉司として児童相談所勤務の経験がある山野良一が、

「児童虐待の問題があるとされる家庭を訪問させていただいて、いつも感じていたことのひとつはこうした住居の狭さ、貧困さでした。」

（『子どもの最貧国・日本』（光文社新書）　山野良一　光文社　２００８年）


と述べていることを参考にすべきである。

サービス付き高齢者向け住宅（サ高住）には、最近、分散型サ高住というバリエーションが生まれているし、これらと小規模多機能型居宅介護（小多機）を組み合わせた施策も現れている。「シルバーピア」は、都営の高齢者向け賃貸住宅であるが、バリアフリー化されているだけでなく、緊急対応サービスもありながら、家賃も単身用は格安のため大変人気がある。

十分な睡眠と食事、すなわち、最低限の衣食住を提供するものとして、ＢＩとＨＦが、ノージャッジメントで提供されるべきだと思うが、ＨＦについては、当面はアセスメントに基づく一定のジャッジメントが必要だろう。また、同時にその他の現物給付も改善されるべきだと考

えている。貧困に陥っている人たちが抱える問題は重層的に重なっているため、金銭的な援助に加え、保育、ヘルパー制度、仕事のサポート、さらには無料のカウンセリング等の現物（サービス）給付をBSとして提供することも必要なのである。加えて制度の充実だけでなく、ソーシャルワークのあり方も問われている。

貧困問題をはじめ、人々を多様な脅威から守るには、さまざまな視点からの、より包括的な援助が必要である。

## ムラよりカイシャを優先すれば日本がもたない

健康保険や年金制度に典型的に見られるように、日本の制度は、『カイシャ（職域）』と『ムラ（地域）』という帰属集団をベースとして組み立てられている。

持ち家の自営業で、地域コミュニティの相互扶助の中で生きていれば、出費は少ない。だが自営業者が労働者となり、地域コミュニティが衰退すると、必要な出費は増加する。「少子高齢化」あるいは人口減少の危機は、ムラ（＝地方）の崩壊をもたらし、地方でも生活に必要な出費が増えるということを意味する。それでも地元型の生活は、時間と土地・建物と多少の運転資金があれば、これからの社会においても一つのあり方として存在しうる。

一方、カイシャ（＝都市）においては、古くはホワイトカラーとブルーカラーの格差があったが、１９５０年代半ばから、大企業と中小企業の「二重構造」が注目された。１９８０年代を過ぎると、従来の大企業と中小企業の二重構造に加えて、正社員と非正規雇用の二重構造が注目され始めた。

総務省の労働力調査によると２０１９年時点では非正規雇用者数は２１６５万人である。これらの人々はどのような暮らし向きなのだろうか。厚生労働省が２０１５年11月に公表した「就業形態の多様化に関する総合実態調査」によると、全労働者に占める非正規労働者の割合は、ついに約40％に達し、なかでも、働き盛り世代である35歳～54歳の非正規労働者は年々増加している。その月収は、20万円未満が80％弱を占め、10万円未満も36％余りに上る。社会保険制度の適用割合も雇用保険が約68％、健康保険約55％、厚生年金約52％、賞与支給約31％等という状況である。男女を問わず、正規雇用から、労働条件が低く抑えられている非正規雇用への切り替えが進んでいる。

ただし、忘れてはならないのは、これらの変遷があるにもかかわらず、男女間の格差は並行して存在しており、シングルマザーの人生をより過酷なものにしていることである。

男女雇用機会均等法が成立した１９８５年に労働者派遣法が成立し、これをきっかけに「一般職」の派遣への置き換えだけでなく、「男性並みに働く総合職女性」と「非正規女性」という二極分化が始まった。総務省統計局「就業構造基本調査」(20~24歳、在学中を除く。)によると、1991年に高卒女性の正規雇用比率は60%台を維持していたが、2015年には30%台にまで落ち込んでいる。

資格や専門知識が必要でありながら、非正規や短期契約での募集しか行っていない職種や、賃金が非常に低く抑えられている仕事がある。前者ならば、図書館司書、非常勤講師等が、後者ならば、保育士や介護士等がそれにあたる。看護師も厚遇とはいえず、人手不足に悩まされている。看護師、司書、保育士、介護士等は、男性よりも女性の数が多い仕事である。

また、住む場所は働く場所で決まる。現代社会では、子どもは自分の働き場所を、基本的には親の職業や住処とは無関係に探さなければならない。このため、結婚した子どもは親とは別居しているほうが普通になる。ムラには他人の目があるけれども、都市はこうした縛りがなく、自由で、誰とも接しないで気ままな生活ができることも確かである。しかし、かつては三世代同居等の家族や地域の支援を得ることができた介護や子育て等も、都市部ではあまり期待することができない。

現状では、社会の中でムラの切り捨て、カイシャの中での中小企業の切り捨て、大企業の中での非正規雇用の切り捨てが重層的に進行している。所得格差や地位格差が大きな社会や集団では、人々の意欲に違いが生じるだけでなく、所得格差や貧困を放置すれば、治安が悪化し、結局、高いコストを払わなければならなくなる。

## 社会的弱者はどのくらいいて、どのような境遇にあるのか

**（たとえば障害者は？）**

内閣府の『障害者白書』平成30年版によれば、身体障害、知的障害、精神障害の3区分について、各区分における障害者数の概数は、身体障害者（身体障害児を含む。以下同じ。）436万人、知的障害者（知的障害児を含む。以下同じ。）108万2000人、精神障害者392万4000人となっている。つまり、身体や心等に障害がある人の数は約936万6000人、日本の全人口に占める割合は約7・4％である。ほぼ東京23区の人口に匹敵する人が障害を抱えていることになる。障害者手帳所持者以外の障害者、またその境界にいるような障害者を含めれば、この数字よりも多くの人が「生きづらさ」「生活のしづらさ」を抱えていると推測される。

元衆議院議員で自らも服役経験のある山本譲司は、服役中、何回も服役生活を繰り返してしまう知的障害者の多さに驚き、

「知的障害のある受刑者は再犯する人が多くて、平均で3・8回の服役を経験している。65歳以上では「5回以上」が約70％もいる。再犯者の約半分は、前の出所から次の事件を起こすまでが1年未満と短い。」

（『刑務所しか居場所がない人たち：学校では教えてくれない、障害と犯罪の話』山本譲司　大月書店　2018年）

と記している。重罪を犯した者は、一度の刑期が長く、一生のうち何度も懲役刑を受けることは不可能である。これはつまり、知的障害者が服役するのは大方が窃盗などの軽微な罪であるということを意味する。知的障害者の中でも、その8割以上を占めるといわれる軽度の知的障害者には、福祉の支援がほとんど行き届いていない。軽度知的障害者が手帳を所持していても、あまりプラスはなく、単なるレッテル貼りに終わってしまうことから、障害が軽度の場合は、あえて障害者手帳を取得しないケースも多くなる。

**（たとえばひとり親家庭は？）**

厚生労働省の調査によれば、2018年の婚姻は約59万件に対して、離婚は約20万7000件である。シングルマザーもシングルファーザーも子育てと仕事を両立できるような働き方を望んでいるが、それを実現することは男性稼ぎ主型の生活保障システムの中では、至難の業となっている。生物学的な理由によって女性だけが、結婚や出産によって、それまで享受していた何かを犠牲にしなければならないのは不条理である。

母子家庭になる過程には、男性の長時間労働も影響している。育児休業や育児短時間勤務等の制度が調っても、それを使って働き、子育てと家事、あるいは学校のPTA活動をするのも基本的には女性で、男性は遅くまで働くという社会慣行がある。子育てを支援する制度は、後述する愛着の重要性を認識するなら、育てられる子どもの権利だと捉えるべきである。

厚生労働省の「2019年国民生活基礎調査」によれば、2018年の相対的貧困率は15・4%、子どもの貧困率（17歳以下）は13・5%となっている。このうち、「子どもがいる現役世帯」（世帯主が18歳以上65歳未満で子どもがいる世帯）の世帯員について見ると、12・6%となっており、そのうち「大人が一人」の世帯員では48・1%、「大人が二人以上」の世帯員では10・7%となっている。つまり日本のひとり親世帯の約半数が貧困家庭である。これらのひとり親世帯では、一回の病気で容易に生活保護以外の選択肢を失う可能性がある。

厚生労働省の「平成28年度全国ひとり親世帯等調査」によると、母子家庭（123・2万世帯）の81・8%、父子家庭（18・7万世帯）の85・4%が就労しているが、母子家庭では、正規雇用44・2%に対して、パート・アルバイト43・8%という状況である。母子家庭では、母親の平均年間収入は243万円（うち平均年間就労収入は200万円）、同居親族を含む世帯全員の収入は348万円となっている。ひとり親家庭のうち生活保護を受給している母子世帯及び父子世帯はともに約1割である。

**（たとえばひきこもりは？）**

「ひきこもり」も社会的に弱い立場にある。重複等により単純には加えられないが、内閣府は15歳から39歳までのいわゆる若年層ひきこもり状態の人を54・1万人と推計（「若者の生活に関する調査報告書2016年」）したのに続き、40〜64歳のひきこもり状態の人を61・3万人（「生活状況に関する調査」2019年）としている。その4分の3は男性で、理由は「人間関係がうまくいかなかった」「病気」等に加えて最も多かったのが「退職」だった。

女性の場合は、実際にはひきこもりの状態で、親もやや不安を感じていたとしても、自治体のアンケート調査等には「家事手伝い」と回答する家族が多く、それと同様、「専業主婦」という立場も、ひきこもりという実態を見えにくくしている。

世間では、ひきこもりのことを「怠け者」とする主張も多いが、本人はひきこもりの状態を決して楽しんでいるわけではなく、ほとんどのひきこもりは、その状態に苦しんでいる。そのため、ひきこもっている本人がまず自分の現状を肯定的に受け止め、主体的に動けるようになることが必要である。ひきこもりの人が「就労したい」と望むのは基本的に承認欲求のためである。自分の現状を肯定的に受け止められるようになるには、信頼できる家族以外の仲間を持つことが重要である（『中高年ひきこもり』（幻冬舎新書）　斎藤環　幻冬舎　２０２０年）。

## ベーシックインカム（ＢＩ）をどのように導入すればよいか

「カイシャ」としての日本の企業は、退職金、社宅、企業年金、医療保険や公的年金といった社会保険料の負担等、従業員にさまざまな福祉を提供してきた。しかし、会社の規模によって内容が異なっていたり、正規社員と非正規社員で差があったりする等の問題点も指摘されてきた。いずれにしても、すべての企業が永久に存続するわけではないし、採用された企業により社会保障の給付内容、給付額があまりにも異なるのは、公平とはいえないだろう。

一般に、ＢＩとは、最低限暮らしに必要な現金を、無条件ですべての個人に死ぬまで定期的に支給する政策である。所得、資産、能力、職歴等の条件を問わずに支給される。生活保護や配偶者控除が世帯単位の給付制度であるのに対し、個人が対象であるという特徴を持つ。

本稿では、ＢＩの導入を仮定し、支給水準としてはどのくらいが妥当であり、どのような方法で給付し、導入されればいかなる意義があるかについて検討したい。

### （「ブースト・インカム」としてのＢＩの給付水準）

株式会社リクルートエージェントの海老原嗣生によると、公的年金はあくまでも高齢世帯の生活の下支えであり生計費全体を賄うことができないが、就労や資産取り崩しを加えて生計を成り立たせる、という性格を持っている。海老原は、このことを「ブースト機能（生活を底上げするという意味）」と表現している（『年金不安の正体』海老原嗣生　筑摩書房　２０１９年）。「ブースト（boost）」とは、「引き上げる」「押し上げる」といった意味である。ＢＩの給付水準についても、ブースト機能を果たすものとして位置づけておけば、合意形成もしやすくなるのではないか。「ベーシックインカム」というより、むしろ「ブースト・インカム」という性質に着目して制度設計をするほうが、「まったく働かなくても生活ができるだけの給付がなされなければ意味がない」といった誤解からも解放されるだろう。本節ではこの後、給付水準を試算するが、実際にその金額まで届かなくても、生活をブーストする意義は大きい。

たとえば、みずほフィナンシャルグループが導入している「週休3日制」、「週休4日制」は、給与はそれぞれ約8割、約6割であり、必ずしも待遇の改善とはいえないが、ＢＩによるブースト機能が組み合わされば、有意義なワークシェアリングにすることができるかもしれない。

ブースト機能という考え方を突き詰めると、給与を「固定部分」と「変動部分」に分け、「固定部分」に相当するＢＩを給付するという考え方もあり得る。つまり最低賃金で所定労働時間の労働をした場合に得られるだろう金額である。たとえば、最低賃金が時給1000円、年間の所定労働時間が240日×8時間＝1920時間とすると、年間192万円をBIとして給付するのである。これが、BIとしての理想形の上限になるのではないか。とはいうものの、人口を1億人とすると、総額192兆円の予算が必要になる。日本の国家予算は約100兆円であるから、これを支給するには労働生産性と資源生産性がよほど大きく向上する必要があるだろう。したがって、ここでは、「当面の」給付水準について検討したい。

預貯金は、不況や解雇、病気等で、所得が途切れ、それまで毎月支払われていた給与が入らなくなったときに、その重要性が浮かび上がってくる。山野良一によれば、貯蓄額がまったくない、または貯蓄額が50万円未満という、稼ぎがなくなれば2～3カ月で貯金が底をついてしまうことが予想される世帯は、子どもを持つ世帯全体では約18%、母子世帯では約59%に上る。貯蓄額が100万円未満では、半年足らずで底をつく可能性が高いが、これらの層は、子どもを持つ世帯全体では約22%、母子世帯では約68%である（『子どもに貧困を押しつける国・日本』山野良一　光文社　2014年）。BIが給付されれば、その分現金を倹約し、リスクに備えることができるようになるし、預貯金があまりなくても持ちこたえられる期間が長くなる。

それでは、BIが、最低限の衣食住を保障するものとして、総務省統計局「家計調査（家計収支編）」（調査年2019年）をもとに、BIの給付水準を設定してみよう。

ちなみに生活保護制度の通常の最低生活費は、生活扶助、教育扶助、住宅扶助に分けて計算されるが、教育扶助分は本人に直接給付されるし、住居費は地域、持家・賃貸等によって大きく異なることから、ここでは生活扶助に当たる要素のみを検討する。この調査の該当項目の2019年の金額を抜き出してみると次表のとおりとなる。

これらを合計すると、2人以上世帯当たり年額143・4万円（「通信」を加えると159・7万円）である。世帯人員を2人と仮定すると、一人当たり年額71・7万円（通信を加えると79・8万円）となる。ちなみに世帯人員を平均である2・4人として、一人当たり年額を算出すれば、59・7万円（通信費を加えると66・5万円）となる。これは地方郡部等の高齢者単身世帯（68歳）の生活扶助の額（月額6万5500円、年額78万6000円）とほぼ同じ水準である。この金額なら、基礎年金（満額の場合）と合わせて150万円程度になる。理論的にも、金額的にも基本的欲求充足のための支援だが、ブーストされる効果を考えれば、間接的に自己実現等の高次欲求充足の支援にもなる。あくまで、平均の数値を使った目安の数値ではあるが、BIと障害年金を合わせても同じ程度の生活費は確保できることになる。

2019年の厚生労働省「国民生活基礎調査」をもとに試算すると、世帯人員一人当たり平均家計支出月額は、高齢者世帯8・04万円、母子世帯8・13万円。これらは年額なら約97万円である。

最低生活費の試算

| 世帯人数 | 項目 | 年額（円） | | 月額（円） | |
|---|---|---|---|---|---|
| ２人以上世帯（平均人員2.4人） | 食料 | 903,096 | 1,433,688 | 119,474 | 119,474 |
| | 被服及び履物 | 129,348 | | | |
| | 光熱・水道 | 263,412 | | | |
| | 家具・家事用品 | 137,832 | | | |
| | 通信 | — | 163,092 | — | 13,591 |
| | 計 | 1,433,688 | 1,596,780 | 119,474 | 133,065 |
| | 世帯人員2人一人当たり | 716,844 | 798,390 | 59,737 | 66,533 |
| | 世帯人員2.4人一人当たり | 597,370 | 665,325 | 49,781 | 55,444 |
| 単身世帯 | | 756,132 | 837,648 | 63,011 | 69,804 |

総務省統計局「家計調査（家計収支編）」（調査年2019）の「第１－１表　都市階級・地方・都道府県庁所在市別１世帯当たり１か月間の収入と支出」「第１表　１世帯当たり１か月間の収入と支出（単身世帯）」をもとに著者試算

世帯人員１人当たり平均家計支出

| 世帯の種別 | 年額（万円） | 月額（万円） |
|---|---|---|
| 高齢者世帯 | 96.50 | 8.04 |
| 母子世帯 | 97.50 | 8.13 |

厚生労働省「2019年国民生活基礎調査」の「第１表 各種世帯別にみた世帯の状況をもとに著者試算」

「東洋経済オンライン」（２０２０年1月20日配信『「精神病床数」が世界一レベルに多い日本の異様』猪瀬直樹）によれば、精神障害者、知的障害者、身体障害者、発達障害者等さまざまな障害者が入居している民間のグループホームの例では、家賃３万７０００円、食費２万５０００円、日用品３０００円、光熱費１万３０００円、計７万８０００円（月額）、年額では93万６０００円である。

これらを考慮すると、一人当たり年額で概ね60万円～80万円程度が妥当であろう。これを1億2000万人に給付するとすれば、72兆円～96兆円程度の財源が必要となる。

また、長い目で見れば、人口が1000万人減った時点を仮定して、物価水準が変わらなければ、必要額は6兆円～8兆円減ることとなる。つまり人口が1億人なら、BI支給に必要な予算額は60兆～80兆円となり、人口が8000万人まで減ってしまったときには48兆～64兆円となる。

この72兆円～96兆円の差24兆円、あるいは60兆円～80兆円の差20兆円については、地方での再生可能エネルギー生産を拡大することにより、これまで海外の産油国等に流れていた化石燃料の購入費を国内各地域に振り向けるようにすることで補えばよい。エネルギーシフトを温暖化対策だけでなく、BIとも関連づけるのである。

また、総務省統計局の人口推計によると2019年での年少人口（0～14歳）は1521万人（12・1%）なので、たとえば、この年齢層のBIの金額を半額にするなら、必要な予算は4兆円～5兆円程度少なくなる。明治安田生命保険が2020年6月に、インターネットを通じて0歳から6歳までの子どもを持つ既婚男女1100人を対象に行った調査によれば、子育て費用は月額平均3万6247円である。生活扶助では、小・中学生の教育費として概ね一人当たり月額プラス1万円、障害基礎年金の第1子、第2子の加算額は概ね月額2万円、児童扶養手当の児童一人の場合の全部支給額で約4万円、二人目は全部支給額で約1万円である。したがって、半額でもこれらと同等以上のブースト機能がある。

一方、高齢者人口（65歳以上）は、3515万人（27・7％）である。厚生労働省の「後期高齢者医療制度被保険者実態調査」（平成30年度）によれば、75歳以上のお年寄りのうち、年金収入なしの人が60万2554人、年金はあるがその金額が100万円未満の人が609万6743人となっている。高齢化社会は、身体的機能の低下等により、みんなが必ず障害者になる社会であるともいえる。いつ障害者となるか、あるいは障害者として暮らす時間の長さが違うだけである。したがって、住居が別途確保されていても高齢者には、最低限、年金とＢＩを合わせて、障害年金と同等程度の給付額が必要だろう。年金制度が改善され、すべての高齢者がそれなりの年金を受給できるのであれば、高齢者に関してはＢＩの給付額を半分にして、10兆円～14兆円予算を節約することもできる。年少者や高齢者は、現物給付の必要性も高いので、これらを現物給付改善の財源とすることも考えられる。

さらに、現在の日本社会では、給与や家事・育児負担、介護等において、男女の不平等が存在することを考えると、ＢＩの金額に男女間で差をつけ、女性に厚く給付することも考えられる。女性は、国民年金のみだったり、厚生年金であっても男性と比べて勤務期間が短かったりするなどの理由から、公的年金の平均受給額が少ない。「平成30年度　厚生年金保険・国民年金事業の概況」（厚生労働省年金局）によれば、厚生年金の場合、２０１８年度の平均受給額は男性が月額17万２７４２円に対し、女性は10万８７５６円だという。

厚生労働省の「賃金構造基本統計調査」（２０１８年）によれば、労働者全体を平均して見たときの男女間賃金格差は、一般労働者の平均所定内給与を男女で比べると、男性を１００としたときに女性は73・3という状況である。

そこでこれらを勘案し、仮に一人当たり月額７万円のＢＩ財源があるなら、たとえば、平均所定内給与に反比例させて男性５・８万円、女性８・２万円給付するといった連動性を持たせることが検討されてもよい。このようにすると、ＢＩに男性から女性への所得再配分の機能を持たせることもできる。

**〈財源の検討１　予算の振替え〉**

ＢＩが社会的に必要で、適切な施策だとしても、ＢＩに必要な巨額の財源をどう捻出するかは大きな課題である。

慶應義塾大学名誉教授でパソナグループ会長の竹中平蔵が２０２０年9月に提案した月額一人7万円のＢＩは、年金や健康保険等の保険料と国庫負担、地方税、年金積立金の運用益等で賄っている年間約120兆円の社会保障財源を充てるというものである（『ポストコロナの「日本改造計画」デジタル資本主義で強者となるビジョン』　竹中平蔵　PHP研究所　2020年）。ネット上では、他の社会保障の廃止はけしからんとか、その給付水準では暮らしていけないとか物議をかもしたが、竹中は、その額では現在、年金だけで生活している人にとっては足りないという意見も出てくるとし、それに対しては別の解決策を考える必要が生じるかもしれないとも述べている。

前提として、現状のサービスの現物給付は、商業的に成り立たなくても存在すべきものであるし、引き続き改善すべきものであるから、私は原則として現物給付をスクラップしてBIをビルドするという考え方には与しない。また、公的年金保険制度も維持する立場をとるが、これについては後述する。

さて、これからBI予算として財源を確保するための具体的な検討を示したいと思うが、その試算を合計すると、確保できる財源は表に示すように52・8兆円～131・7兆円となり、前述の給付額の試算に対して、近からずとも遠からずといえるのではないか。またBIによる総需要の押し上げ効果によって、景気が良くなれば、法人税や所得税の増収も期待できる。さらに国債費に充てられている20兆円以上の財源は、財政再建が進めばBIの財源に充当することも可能であろう。

まず、税負担を大きくすることなく、現物給付や年金制度は維持できる範囲で、現行制度での支出の削減による予算の振替えから取りかかってみよう。

2020年度予算における児童手当1・3兆円はBIに置き換えるとともに、住宅扶助を別途措置することを前提として生活保護2・8兆円をBIに振り替えるならば、この二つで約4兆円確保できる。もう少し詳しく見ると、2016年実績では、生活扶助1・2兆円（32・4％）、医療扶助1・7兆円（48・0％）、住宅扶助0・6兆円（16・3％）、その他0・1兆円（3・3％）であり、これらの給付費3・7兆円を国費2・8兆円、地方0・9兆円でカバーしている。生活保護受給者は、国民健康保険の被保険者から除外されているため、ほとんどの生活保護受給者の医療費はその全額を医療扶助で負担（原則として、現物給付）している。このため、失業等により、申請書や履歴書に書くことのできる居住地を失い、生活保護や求職活動への支障が発生すると、自立が困難になる。したがって、医療扶助と住宅扶助は存続させて生活扶助のみをBIに置き換えるなら、児童手当と生活保護から2・5兆円の財源捻出となる。

雇用保険には、基本手当（失業給付）のほか、教育訓練給付、高年齢雇用継続基本給付、育児休業給付、介護休業給付があり、このうち失業給付は公費負担分が不要になるが、金額がさほど大きくないのでここでは算入しない。

**（財源の検討2　税制改正）**

次に取りかかるべきは税制改正である。消費税率を10％から20％に引き上げることで約25兆円の増収、さらに、個人金融資産への課税で、18・9兆円～37・9兆円を確保したい。短期保有で売買を繰り返すキャピタルゲインに対する課税も強化したい。デフタ・パートナーズグループ会長で日本国政府内閣府参与、政府税制調査会特別委員等の経歴を持つ原丈人によれば、アメリカでは1年以内の株式売買に対する課税は最大39・6％＋地方政府税である（『「公益」資本主義　英米型資本主義の終焉』　原丈人　文藝春秋　2017年）。

相続税については、戦略系コンサルティングの第一人者として活躍する波頭亮によると、その税収額は毎年わずか1・5兆円程度（個人資産の0・07％）でしかない。波頭によれば、毎年の遺産額を金融資産18兆円、不動産10兆円とすると、相続税負担者のカバー率と実効税率を上げて遺産額の50％を相続税として徴収することができれば、税収として毎年14兆円を見込むことができる上に、階層固定化の解消にもかなり効くとしている。波頭の試算では、消費税率15％アップ、金融資産課税1％、相続税の実効税率50％とすれば、消費税で33兆円、資産課税で14兆円、相続税でも14兆円、つまり合計で61兆円の財源が確保できる（『成熟日本への進路「成長論」から「分配論」へ』　波頭亮　筑摩書房　2010年）。

なお、BIによる支払については、消費税を非課税にするか軽減すべきである。ただし、その場合、最終の川下に位置する小売店等には、消費者に転嫁できなかった消費税相当額を還付する必要がある。消費税が法人税や源泉所得税と異なっているのは、納税義務者が、その納税分を外部から預かることとされていることである。そこで、ＢＩで購入される場合には、価格転嫁不能額が還付されるようにする。財務省ホームページの「消費税の使途に関する資料」の「消費税の使途」によれば、税率が10％である２０２０年度予算ベースでは、国・地方分を合わせた消費税収は27・５兆円であるから、消費税を20％に引き上げると少なめに見積もっても25兆円ほどの税収増が見込まれる。したがってたとえば、消費税を20％に上げた場合、ＢＩの給付額総計が60兆円で、その分の消費にかかる消費税率を０％とするなら、小売店等にとっては、

売り上げで預かった消費税額60兆×０％＝０円
支払った消費税額60兆×20％＝12兆円
納付すべき消費税額（還付）０―12兆＝―12兆円　であるから
消費税増収額25兆―12兆＝13兆円

となる。

一方で、輸出企業は輸出する商品や商品を製造するための部品等を仕入れた際、既にその対価とともに消費税分の金額は支払い済みとなっている。そのため、仕入れた商品やこれを材料に組み立てた製品を国内で販売する場合は、消費者から受け取る消費税分から仕入れのために支払った消費税分を差し引いて納税するのである。つまり「仕入税額控除」として、輸出の場合はゼロ税率が適用され、輸出企業が仕入れのために支払う消費税分はほとんど還付されてくる。その額について、時事、社会、経済、教育問題等で発言するジャーナリストの斎藤貴男が、政府の予算書をもとに試算している。それによると、概算で、まだ税率が5％だった２００８年度における消費税の還付総額でも約6兆６７００億円であり、この金額は同年度の消費税収16兆９８２９億円の約40％に相当しているという（『決定版　消費税のカラクリ』　斎藤貴男　筑摩書房　２０１９年）。したがって、輸出企業に還付されるのは、消費税10％の場合は10兆円超、20％の場合は20兆円超となるはずである。これに対し、消費者に転嫁できなかったために小売店等に還付すべき金額は先ほど示したとおり、約12兆円である。つまり、輸出企業に対し仕入税額控除を認めず還付をしなければ、小売店等への還付による消費税収の減少分を十分にカバーできるのである。

**（財源の検討３　個人金融資産税）**

２０２０年第３四半期の「資金循環統計（速報）」（日銀）によると、新型コロナウイルス流行前である２０１９年12月末の家計の金融資産残高は１８９３兆円で、そのうち「現金・預金」が、全体の半分以上を占めている。個人金融資産の６割は60歳以上の高齢者が所有し、世帯平均貯蓄は２０００万円を超えているといわれているので、これに課税することは、裕福な高齢者から、若い世代への所得移転という性格を持っている。ただし、日銀金融広報中央委員会の調査によると、２人以上世帯の３割、一人暮らし世帯の５割が貯蓄ゼロであるから、住民税非課税世帯は金融資産税を減免してよいかもしれない。

波頭亮は、資産を現金や預金の形で持っていれば課税されないが、そのお金を土地に換えた途端に固定資産税を課されるというのは資産形態間の公平を欠くため、これからは土地だけでなく金融資産も資産課税の対象とすることが望ましいとしている。土地に対する課税である固定資産税と同率の１・４％に設定すると、個人金融資産から徴収される税額は毎年約20兆円以上になる。波頭は、土地のほうが資産としての有限性が高いという点を重く見て、金融資産課税の税率を１・０％と多少低く設定することもあり得るとしている（前掲書）。

金融資産税を課税する場合には、税務当局が金融資産保有額を十分把握していることが重要である。現在でも全国の国税局と税務署をネットワークで結ぶ国税総合管理システム（ＫＳＫ

システム）を活用すれば、タンス預金や貴金属の売却金額を把握することはできる。しかし、キャッシュレス化が進み、すべての現金が口座を経るようになり、全面的な名寄せが可能になれば、資産の額を把握することが効率化できるだろう。最低限、銀行口座の新規開設時には、マイナンバーとの紐付けを義務づけるべきである。

ところで、所得を安全資産である貨幣で手元に保有しようとする流動性選好は、貨幣が額面通りの価値あるものとして直ちに支払いができる（交換相手に受け取ってもらえる）という側面とともに、減価しない財であるから選好されるという側面もある。私の考える個人金融資産税は、そこに着目し、金融資産も償却資産として実物資産と同様に減価償却するという立場で考えるもので、償却資産の減価償却費相当額を課税するものである。

具体的な税率設定の考え方であるが、金融資産も固定資産と同様に、経過年数に応じて減価するものとして考える。たとえば、税法上の償却年数が最も長い「水道ダム」は耐用年数が80年である。税法別表の数値を使用すると、定額法では０・０１３×１８９３兆円＝24・６兆円、定率法なら０・０３１×１８９３兆円＝58・７兆円、新定率法０・０２５×１８９３兆円＝47・３兆円である。したがって少なめに税率を1％としても、１８９３兆円×０・01＝18・９兆円の財源を生み出すことができる。このことは、金融資産がどの償却資産よりも価値が持続することを意味するとともに、１％未満の利息であれば使ったほうが得になる。

純金融資産保有額の階層別にみた保有資産規模と世帯数（2019年）

| 世帯の純金融資産保有額 | 世帯数（万世帯） | 累計 | 構成比 | 累計 | 保有額（兆円） | 累計 | 構成比 | 累計 |
|---|---|---|---|---|---|---|---|---|
| 5億円以上 | 8.7 | 8.7 | 0.16% | 0.16% | 97 | 97 | 6.24% | 6.24% |
| 1億円以上5億円未満 | 124.0 | 132.7 | 2.30% | 2.46% | 236 | 333 | 15.19% | 21.43% |
| 5000万円以上1億円未満 | 341.8 | 474.5 | 6.33% | 8.78% | 255 | 588 | 16.41% | 37.84% |
| 3000万円以上5000万円未満 | 712.1 | 1,186.6 | 13.18% | 21.96% | 310 | 898 | 19.95% | 57.79% |
| 3000万円未満 | 4,215.7 | 5,402.3 | 78.04% | 100.00% | 656 | 1,554 | 42.21% | 100.00% |
| 計 | 5,402.3 | | 100.00% | | 1,554 | | 100.00% | |

野村総合研究所「純金融資産保有額の階層別にみた保有資産規模と世帯数」をもとに著者作成

あるいは、通常の経済活動でも想定できる、鉄骨鉄筋コンクリート造または鉄筋コンクリート造の建物（事務所用）の耐用年数50年を援用すれば、定額法0・020×1893兆円＝37・9兆円となる。これでもまだ、金融資産は通常の投資対象となる償却資産よりも価値が持続することを意味する（2％以下の利息であれば使ったほうが得）。

さらに具体的に検討してみよう。表は、野村総合研究所の「純金融資産保有額の階層別にみた保有資産規模と世帯数」（2019年）をもとに試算したものである。

たとえば、仮に3000万円以上の純金融資産を持つ上位2割の階層の資産（898兆円）に対して、単純に1％課税するだけでも8〜9兆円の税収となる。野村総合研究所が、「超富裕層」（純金融資産保有額が5億円以上の8・7万世帯）及び「富裕層」（同じく

1億円以上5億円未満の124・0万世帯）と位置づけている層の世帯には2％の金融資産税を課せば、さらに3兆円税収が増える。

また、少子高齢化は「預金の東京一極集中」も引き起こしている。深刻化しそうなのは、「遺産マネー」の移動である。都市への人口集中だけでなく、高齢者からの相続によって都市部の現役世代に資産が引き継がれ、個人の金融資産が地方から都市に流れ込んでいる状況にあることを日本経済新聞が報じている（2018年7月29日付）。地方に住む親が亡くなった際、遺産を相続した子ども等が、預金の引き出し等の利便性を考えて、東京の金融機関に預金を移しているのである。したがって、個人金融資産への課税は、東京から地方に資金を還流させるという効果もあるといえる。

さらに、この資産課税は、資金を貯蓄から投資へと向かわせる効果がある。先進国経済が直面する貯蓄過剰と投資不足の中にあって、資産バブルではなく過剰貯蓄を吸収することが可能である。

家計部門のお金が、市場を通して安定的に企業等に供給されるように、株式・投信には課税しないことも考えられる。家計の金融資産残高の5割強（約1000兆円）は現金・預金なので、これに課税すると10兆～20兆円となる。株式に課税するとしても長期保有の株式には課税しないようにすべきではないか。

この場合、環境・社会・企業統治に配慮している企業を重視・選別して行うＥＳＧ投資は課税対象としないことも考えられる。横浜市には、国の「地方創生ＳＤＧｓ金融」の動きと連動し、国連が掲げる持続可能な開発目標（ＳＤＧｓ）に沿ったビジネスに取り組む企業が資金調達をしやすくするため、業績や財務内容だけでなく、障害者の雇用率等非財務価値を分析して格付けし、市がこれらの企業を独自に認証する制度がある。京都信用金庫、京都北部信用金庫、湖東信用金庫の３信金と龍谷大学もＥＳＧ投資に取り組む中小企業を「ソーシャル企業」と認定している。

ただし、株や為替のＨＦＴ（high-frequency trading 超高速取引）は、投資プログラムを組み込んだコンピュータや人工知能が、所定の条件が満たされた途端に数千分の1秒というスピードで自動的に株を売買するシステムである。原丈人によれば東京証券取引所では、１９９２年には株式保有期間の平均は5年を超えていたが、近頃では1年を切り、これが注文の7割を占めている（前掲書）ため、金融取引税を検討することも必要だろう。

なお、タックスヘイブンを利用して納税を逃れようとする人々が存在することが予想される。このような租税回避行為は、他国に犠牲を強いるゼロサムゲームである。つまり我が国の税収を奪って、それを当該企業とタックスヘイブンで山分けするのである。これに対しては、先進国が協調して、タックスヘイブンの低い税率との差を埋める矯正税を課税するべきである。あるいは、アメリカの「外国口座税務コンプライアンス法」のように、他国の金融機関であっても、顧客の口座の保有額を報告しなければ厳しい経済制裁を科す必要がある。

### （財源の検討4　特別会計のスリム化）

ここで、特別会計について概観しておこう。特別会計から、特殊法人、認可法人及び独立行政法人（以下「特殊法人等」という。）に対して出資がなされている。しかし、民間企業の行っている出資とは異なり、その内容は事業資金の供給である等、特殊法人等を支配する目的で行われているものではなく、また、当該出資には議決権がない。

独立行政法人は、都市再生機構（以下「ＵＲ」という）等、２０２０年4月1日現在で合計87法人が存在する。

特殊法人は、民営化や行政改革による統廃合等で現在減少傾向にあり、２０１７年4月現在では、日本中央競馬会（ＪＲＡ）、日本放送協会（ＮＨＫ）、日本年金機構等合計33法人となっている。

認可法人は、民間側が発起人となって設立されるものの、設立にあたっては特別法に基づいて、大臣の許可が必要な法人であり、日本銀行、日本赤十字社等がある。このうち「特別の法律により設立される民間法人」（特別民間法人）は、地方公共団体が設立主体となる法人を除き、国が出資や役員の任命を行わないことが特徴で、２０１７年4月現在、合計34法人である。
財務省特別会計ガイドブック（平成30年版）によれば、会計間相互の重複計上額及び国債の借換額を除いた純計ベースで見た国の財政規模（歳出予算）は、一般会計43・２兆円、特別会計１９５・７兆円（平成30年度当初予算）である（「国の財政規模の見方について」）。これらの法人の業務に国民の関与を強める必要がある。
波頭亮は、一般会計予算の数倍にも及ぶ特別会計予算の透明化と不用な事業の廃止や不急の資金の積み立てを止めることによる余剰資金の捻出によって、多額の財源が確保できるとしている。その額は、波頭の試算では、フローベースで毎年16兆円程度、その他の推計でも毎年10兆円以上は見込むことができるという（前掲書）。

**（財源の検討5　企業の負担）**

ＢＩやＢＳとして税金が国民一人ひとりに返ってくるとはいえ、このように個人に負担を求めるのであれば、企業にも負担を求めるべきだろう。内閣府が発表した「国民経済計算年次推計」によると、土地や現預金、株式等国全体の資産から借入金等の負債を差し引いた２０１８年末時点の正味資産（国富）は３４５７兆４０００億円である。部門別では、家計が２６２３兆３０００億円、一般政府が29兆９０００億円、金融機関以外の法人企業は５５０兆２０００

億円と、家計が大部分を占めている。家計には消費税と金融資産課税でＢＩ財源を負担してもらうのであれば、企業には、たとえば保険料負担等で間接的にＢＩを支えてもらえばよい。

厚生労働省「平成30年就労条件総合調査」をもとに野村證券『EL BORDE』編集部が試算したところ、大卒者の定年退職者（勤続20年以上かつ45歳以上）の退職金平均額は、２０１７年で１７８８万円。過去15年間の調査からは７００万円近く、最も平均額の多かった１９９７年（２８７１万円）からは１０８３万円も下がっているという（『80年代生まれのリアル～退職金はピーク時よりも1，０００万円減、あなたは何歳まで働く？～』２０１９年6月17日）。

現金給与額のほか、法定福利費、法定外福利費、現物給与の費用など、現金給与以外も含めた労働費用は、２０１７年で比較すると、日本を１００とするなら、ドイツとフランスがそれぞれ１６７と１５９、アメリカが１４７、イギリスが１０３となっている（労働政策研究・研修機構「データブック国際労働比較２０１９」）。これらを回復する意味でも、厚生年金基礎年金保険料の公費負担分（約９・３兆円）は企業に支払ってもらうのがよい。

また、中央大学名誉教授の租税学者で税理士第一号でもある富岡幸雄によれば、「租税特別措置などの優遇措置などを改め、法律で定められた通りの納税」とすることで、法人税の増収分は約９兆円になる（『消費税が国を滅ぼす』　富岡幸雄　文藝春秋　２０１９年）。

この９兆円と、厚生年金保険の国庫負担分を企業側が納付するよう変更することで、合わせ

BI導入に関する財政的検討

財源拠出

（単位：兆円）

| 負担者 | 内容 | 最小値 | 最大値 | 負担者別最小値計 | 負担者別最大値計 |
|---|---|---|---|---|---|
| 政府 | 特別会計のスリム化 | 10.0 | 16.0 | 12.5 | 18.5 |
| | 生活扶助からの振替 | 1.2 | 1.2 | | |
| | 児童手当からの振替 | 1.3 | 1.3 | | |
| 国民 | 消費税増収分（10％→20％） | 13.0 | 25.0 | 22.0 | 76.9 |
| | 相続税増収分 | 0.0 | 14.0 | | |
| | 個人金融資産税創設 | 9.0 | 37.9 | | |
| 企業 | 法人税（租税特別措置の廃止） | 9.0 | 9.0 | 18.3 | 36.3 |
| | 厚生年金基礎年金保険料（公費負担分の肩代わり） | 9.3 | 9.3 | | |
| | 仕入税額控除の廃止―価格転嫁不能額還付 | 0.0 | 13.0 | | |
| | 寄付 | 0.0 | 5.0 | | |
| 合計 | | 52.8 | 131.7 | 52.8 | 131.7 |

支出予算

| 人口 | BI経費*1 | | BS経費*2 | |
|---|---|---|---|---|
| | 最小値 | 最大値 | 最小値 | 最大値 |
| 人口1億2000万人 | 72.0 | 96.0 | −19.2 | 35.7 |
| 人口1億人 | 60.0 | 80.0 | −7.2 | 51.7 |
| 人口8000万人 | 48.0 | 64.0 | 4.8 | 67.7 |

経費圧縮

| 圧縮内容（人口1億2000万人の場合） | 圧縮額 | |
|---|---|---|
| | 最小値 | 最大値 |
| 年少者（0〜14歳）へのBI給付額を1/2 | −4.4 | −5.9 |
| 高齢者（65歳以上）へのBI給付額を1/2 | −10.8 | −14.4 |

最低・最高*3

| 人口 | 最低額 | 最高額 |
|---|---|---|
| 人口1億2000万人 | 45.6 | 230.4 |
| 人口1億人 | 38.0 | 192.0 |
| 人口8000万人 | 30.4 | 153.6 |

*1）最小値とは、BIの一人当たり給付水準を年額60万円に、最大値とは同じく年額80万円に設定したもの。

*2）BS経費とは、福祉サービスの現物給付をレベルアップするために使える額である。これがマイナスの場合は、サービスの現行水準を下げる必要があることを示している。つまりこの場合はこのマイナス分だけ、BI経費を減らす必要がある。

*3）最低は基礎控除額と同額の38万円、最高は最低賃金1000円×8時間×240日＝192万円として、参考のため算出。

出所）本節で検討したBIの給付水準及び財源の検討1〜5を基に著者が試算

て18・3兆円が法人税率を引き上げることなく確保できる。さらに、法人税の実効税率は1%アップにつき0・5兆円の増収となるので、これも検討の余地があるだろう。

企業の多額の内部留保に関しては、デフレになれば、企業が儲けた金を使わずに、貯金ばかりするようになっていくことについて批判する立場から、(法人)金融資産税を適用することも考えられる。たとえば、予備費として認められるべき一定額を超える過剰な内部留保に対して個人と同等以上の金融資産税を課すのである。内部留保は最近では400兆円以上あるので、税率1%なら4兆円、2%なら8兆円程度となる。一方、それだけ内部留保が貯まったのは、過去何十年にもわたって株主が、内部留保を貯めておくことが将来の会社の発展につながるという合意をしたからとも考えられる。これは、地方自治体が税収不足に備えて財政調整基金に積み立てるのと同じである。つまり、研究開発の機が熟したときに、あるいは災害が起きて復旧せねばならぬとき等に使うように備えているものという面もある。そこで、一律に課税する代わりに福祉施策に寄付できるような仕組みを設け、後述する「公益資本主義」の担い手として企業名、寄付内容、寄付額を政府が公表してはどうか。

## ベーシックインカム（ＢＩ）を導入すれば日本は大きく変わる

正社員と非正規雇用者の二極化が指摘されている。非正規雇用は低賃金で十分な福利厚生もなく、単価の安いダブルワークで金銭的な不足を補おうとすれば、家族との時間が削られる。反対に、正社員は相対的に高い給与を得ているが、長時間労働のほか転勤があったり、過大な責任や負担を負わされ肉体的にも精神的にも追い詰められたりする職場も少なくない。このような現状において、ＢＩはどんな意義があるかについて検討していこう。

### （貧困層、低所得者層の支援）

もちろん、このことは第一に挙げなければならないだろう。誰もが必要最低限の生活物資を入手でき、文化的生活を営める社会を築く一助となる。非正規雇用者の雇い止めの不安を和らげることにもなるし、非正規雇用者のボーナス的な意味合いもある。

自営業者等は、基礎年金だけでは、たとえ満額でも厳しい生活となってしまうが、それさえ満額がもらえない人もいる。65歳以上の単身世帯での無年金者は男性で約10％、女性で約５％いるといわれている。厚生年金受給者は比較的余裕のある生活をしているかもしれないが、国民年金のみの受給者は基礎年金だけなので、きわめてつつましい生活を強いられている。生活保護受給額に相当する年収以下で暮らしている高齢者は4人に1人だという。

低所得者層の目安としては、住民税非課税世帯がその一つとして挙げられるだろうが、その境目となる世帯当たりのおおよその年収は、東京都区部では、単身世帯で約100万円、夫婦のみ世帯で約150万円、夫婦と子ども一人の世帯で約200万円、夫婦と子ども2人の世帯で約250万円、夫婦と子ども3人の世帯で約300万円である。住民税非課税世帯は、働きたいのに働けない人、働いても収入が十分でない人のためのセーフティネットがカバーしている。保育料無料（幼児教育・保育の無償化）、大学無償化（高等教育の修学支援新制度）、国民健康保険料の減免、高額療養費の自己負担額の軽減等の支援を受けることができる。

このような支援に加えてBIがあれば、これらの人も一息つくことができる。経済的な理由や父母が労働に従事するために、児童養護施設を利用しなければならない子どもたちについては、BIがあれば、その数を減らすことも可能である。また、生活苦から銀行カードローン、消費者金融やいわゆる闇金からの借り入れや貸与型の奨学金の必要を減らすことができる。日本学生支援機構の奨学金でさえ、第一種、第二種奨学金をフルで借りると、大学4年間で抱える負債は、単純計算で880万円以上となり、上限年利3％の金利を含めれば、返済総額は1000万円を超える。後述するように、高校卒業時に、それまでのBIの一部を社会に出るための支度金として、ベーシックキャピタルのように給付して学費に納入できるようにすれば、大学の学費をほぼ賄うことも可能になる。

なお、新型コロナウイルス感染症のようなパンデミックのときには、休業時の収入補填の意味もある。大規模災害があった際にも、将来の生活に対する不安を和らげるとともに生活再建の役に立つだろう。

**(総需要拡大効果)**

「日本の将来推計人口」(国立社会保障・人口問題研究所　2017年)によれば、人口減少幅は今後も拡大の一途で、2050年代になると、毎年90万人規模で減るため、国内マーケットはみるみる縮小していく。このまま放置すれば、国内市場向けに販売している業種は、深刻な需要不足に襲われる。労働力人口となる世代は消費のリード役でもあるため、購買力のあるこの世代が減ると、消費も冷え込んで経済が停滞する悪循環をもたらす。

後述するようにBIを使用期限のあるポイントとして給付すれば、ほぼ全額消費されると考えられる。乗数効果を考慮せず、BIが1回しか回転しなかったとしても、その金額は約50兆~100兆円にもなる。日本の金融業、保険業を除く全産業の売上高の総計は年1400兆~1600兆円前後であるから、売上高を数%押し上げることになる。

ＧＤＰがおおよそ５００兆円とすると、家計はその約6割の３００兆円である。ＢＩ総額を60兆円とすれば、約2割というかなり大きな効果がもたらされるだろう。「来年は給料が減るかもしれない」「ひょっとしたら解雇されるかもしれない」という不安があっても、ＢＩがあれば、消費の減り方は小さくなる。

ＧＤＰ６００兆円を実現し、国民を豊かにするため、現在の国民平均給与所得４１４万円を20％（約80万円）引き上げたとしても、それは国民一人ひとりの所得が、軒並み80万円増えることを意味しない。労働への分配率が下がれば、多くの国民の所得がむしろ減ることでさえあり得る。この点、まさに国民全員の所得を直截的に増やすのがＢＩという手法である。ＢＩはポピュレーションアプローチであるから所得分布の山全体を右に動かす。

**〈健康な中間層の厚みを増す効果〉**

中間層は、政治的には民主主義の担い手であり、社会を安定させる役割を果たしてきた。ところが、総務省「家計調査」２０１７年分によると、40代未満とりわけ30代未満の消費が減少しており、若年・子育て世代の消費が減少していることが全体の消費を押し下げている（日本経済新聞２０１８年2月27日付）という。

東京都のホームページ「東京くらしＷＥＢ」によると、自分のことだけでなく、自分以外の人や社会、環境のことを考えて未来に向けて行う消費行動を「エシカル消費」という。ある程度、経済的な余裕がある中間層は、買い物で品物を選ぶとき、価格、品質、安全性のほかに、それがどのようにしてつくられたかといった背景や、それを選ぶことで世の中にどんな影響を与えるかを考慮することができる。ＢＩがあれば、私たちはこのような消費行動にトライしやすくなる。

中間層は、再生産を維持できるような価格設定のため価格が少々割高であっても、輸入品ならフェアトレードの商品を、エネルギーなら再生可能エネルギー由来の電気を、木造住宅なら国産材を使用した住宅を、伝統工芸品や職人が手づくりした道具や家具を選ぶ余裕を持てる。また、化学繊維ではなく自然素材で、染色の工程で使い汚染された水の量やプラスチックの使用量が少なく、製造、流通での$CO_2$排出量や売れ残りの廃棄量等も少ない衣類や繊維製品を選ぶ人が増える。また、自家採種し、有機農法により育てられた地元産の農産物を選択するような中間層の厚みが増す。マイクロプラスチックや海洋プラスチックが問題となる中、食にかかわる食器・容器・調理器具や玩具等は、プラスチックやアルミ、テフロン製品を選択せず、ガラス、ステンレス、天然ゴム製パッキングを使ったり、木製玩具を使ったりする人々である。さらに最近は、風呂敷が見直されているほか、蜜蝋ラップ、紙ストローのようなものもある。

我が国の農林水産物の輸入額は、約９兆５１９８億円で、貿易収支は、約８兆６０７７億円の輸入超過となっている（農林水産省「農林水産物輸出入概況（2019年）」）が、国内で環境に配慮した食料品等が生産され、これらを選ぶ人が増えれば、海外に流出しているこの輸入代金が地元の農林水産業者に支払われ、地方の経済の活性化にも資する。

東京都立大学教授で子ども・若者貧困研究センター長の阿部彩によると、野菜の摂取頻度は、家庭の経済状況と明らかに関連があるという（『子どもの貧困と食格差：お腹いっぱい食べさせたい』阿部彩　大月書店　2018年）。BIの給付によって実質所得が増えれば、たとえば、遺伝子組換の穀物等の飼料で工業的に育てた肉や化学肥料と除草剤漬けの農産物ではなく、土壌に炭素を溜める効果を持つことが証明されている炭素固定農法と呼ばれる農法（被覆作物、輪作、農地を耕さないで作物を栽培する不耕起栽培等）による農産物を、水産物なら海洋管理協議会（MSC）の認証を受けた商品を選択することができるようになる。特に食肉に関しては、平飼いで、輸入穀物飼料ではなく国内の牧草で飼育された肉は、オメガ3脂肪酸とオメガ6脂肪酸のバランスがよく、かつ抗生物質の過剰投与による耐性菌の出現を抑制することができる。

さらに、生活に余裕が出ることで、関係人口を増やす効果やNPOでの活動やボランティア活動に携わる人が増える。「市民の社会貢献に関する実態調査」（内閣府2019年度）によると、ボランティア活動に参加したことがある人は17・0％であるが、参加の妨げとなる要因

（複数回答可）としては、「参加する時間がない」が51・4％と最も多く、以下「ボランティア活動に関する十分な情報がない」「参加するための休暇が取りにくい」「参加する際の経費（交通費等）の負担」の順に挙げられている。

波頭亮によれば、アメリカでは、ボランティア活動の規模はGDP換算で15％に上るほどであって、日本にこの比率をあてはめると金額にして80兆円と、ほぼ国家予算並みである。さらにアメリカは個人の寄付金の額も圧倒的に世界一で、国民一人当たり年間1700円しか出さない日本人の50倍の約8万6000円である（『プロフェッショナル原論』波頭亮　筑摩書房2006年）。

また、同一労働同一賃金といっても、業種間によって差異があり、同じ業種の中での労働には熟練という付加価値が存在する。一般的に非熟練労働者としてスタートする若者も、家族を持ち、子育てをし、親の世代を支えるようになるライフステージにおいては、仕事の熟練者として、ネット・ゼロ・エネルギー・ハウス（ZEH）に住み、FCV（燃料電池自動車）やEV（電気自動車）に乗り、日常生活に伝統的な工芸品があり、ボランティア活動や地域コミュニティに参加し、「環境・社会・ガバナンス」に力を入れる企業へ投資（ESG投資）するような中間層を形成できるようにすることが理想であろう。

そのためには、仕事の習熟に加えて、リカレント教育や自己研鑽に時間がさけるようにすることが必要である。職業訓練校を充実し、職人の技術を承継するような連携を深めることも大切である。労働によって社会に貢献し、自己有用意識や自己尊重意識を高めることのできる社会の実現である。

**（労働時間を短縮し労働生産性を高める効果）**

ひとり親家庭で育つということは、保護者が一人であるということだけを意味するのではない。一人しかいない保護者が仕事中心の生活をせざるを得ないために、子どもは親と接する時間も限られ幼いときから長時間一人で過ごさねばならない。しかし、ＢＩは生活費と「家族の時間」を増やすことができる。ダブルワーク、トリプルワークの必要性も緩和できる。ＢＩには労働時間減による所得補償の意味合いがあり、生活費を賄うために残業する必要性を減らす。ただし、この効果を帳消しにするような賃金単価の引き下げを監視するため、労働基準監督署の権限と体制を強化する必要がある。

やりたいことがある人にとっては、ＢＩは「やりたいことをやる時間」の給付という意味がある。たとえば、月10万円のＢＩは、時給１０００円だとすれば、１００時間、つまり１日８時間労働とすれば、月に12・５日分の時間が与えられたことに匹敵する。

ＢＩが給付されると人々が「働かなくなる」という批判がある。確かに生産活動における賃労働は減る可能性があるだろう。しかし、本来の意味での「しごと」は減らないだろう。自発的な家事、育児、介護、ボランティア活動等のソーシャルワーク、あるいは社会生活を営む上で必要不可欠な仕事であるエッセンシャルワークや、文化芸術活動が増えるからである。ギリシャ、ローマ等の古代文明やルネッサンス期における学問・文化・芸術活動等は、「働かなくてよい人」によって花開いたのと同じである。

ここで、厚生労働省の「平成30年　賃金構造基本統計調査」のデータをもとに、トラック運転手の賃金及び労働時間を例に考えてみよう。全職業の平均（年間賃金497万円、年間労働時間2124時間）に対し、大型トラック運転手（457万円、2580時間）、中小型トラック運転手（417万円、2568時間）は、労働条件の厳しい業種であることがわかる。ちなみに年間80万円のBIによる時短効果を試算すると、全職業の平均では賃金1万円当たり労働時間は2124／497＝4・27なので、4・27×80＝342時間の時短が可能（年間労働時間1782時間）である。同様に試算すると、大型トラック運転手は452時間の減（2128時間）、中小型トラック運転手は493時間の短縮（2075時間）となる。

BIは労働生産性の向上にも寄与するだろう。BIによって景気が良くなり、設備稼働率が上がれば、分子は大きくなる。その一方で時短効果により分母が減れば、労働生産性は上がるのである。休むことによって労働生産性を向上させるように社会をシフトすれば、人々の暮らしに余裕時間ができ、子どもと向き合う時間も増え、子どもの健全な発達や少子化対策にもつながる。

これまでより短い時間でも十分な所得が得られるようになれば、フルタイムとパートタイムの待遇の差が小さくなり、働く時間を選択する際の自由度が高まる。その結果、正規労働者、非正規労働者、失業者というように垂直的にワークシェアするのではなく、子育て、介護、家事、ボランティア活動等、ＢＩによってみんなが多様な活動を行うような水平的なワークシェアリングに変わる可能性がある。ＢＩで最低限の所得が保障されると、地域活動や子育てを行うために非正規雇用を選択するというライフスタイルが増えてくるかもしれない。新型コロナ感染症のようなパンデミックの際にもワークシェアリングがしやすくなる。

現在は、収入を伴う活動しか、「仕事」と見なされていない。ＢＩは無駄な残業を国が買い上げる効果や、主婦・主夫にとっては、家事、育児、看護、介護等の家庭内労働に国が賃金を支払うのと同じ効果がある。主婦・主夫は、エッセンシャルワーカーであることを社会はもっとはっきりと認識しなければならない。

精神科医でパーソナリティ障害の臨床に取り組む岡田尊司によれば、頑張って家庭をもち、子どもを産んだとしても、歓びよりも負担ばかりを感じてしまうようにならないためには、親子でスキンシップをして「愛着」の絆を築く時間が必要である。また、晩婚化による親になる年齢の上昇が自閉症スペクトラムの増加の一因といわれるが、「愛着」が安定すれば、生きづらさを改善することができるという（『愛着崩壊 子どもを愛せない大人たち』岡田尊司（角川選書） ＫＡＤＯＫＡＷＡ／角川学芸出版 ２０１２年）。「愛着」の重要性については、後に詳述する。

貧困世帯では、ＢＩを給付されることで、福祉給付を失うことを恐れずに、パートタイムの職に就くことも可能になる。ＢＩは、「やらねばならぬこと」だけの生活に、「やりたいこと」と「できること」をする自由を加えるための制度である。家族や地域コミュニティとかかわる時間を犠牲にして長時間働いたり、社会生活の妨げになるような時間帯に働いたりせずに済むようにするのである。

**〈経済構造改革への貢献〉**

住宅にしても、自動車にしても、携帯電話にしても、人口の数だけ行き渉れば、買い替え需要はあるものの、市場の急成長は望めない。真の経済成長とは、真面目に働く全員の実質賃金が上がり、それによって消費が増えることである。必要なのは、新しく魅力ある産業の創出である。

業務の効率化が進んで人員の余剰が出たり、業績が悪化したりした場合には、希望退職や配置転換が行われる。企業が市場ニーズの変化に的確に対応するためには、失業対策や生活保障が手厚く、再就職のためのさまざまな職業訓練を無料で受けられる社会でなければならない。労働者は、従業員として企業に守られるだけでなく、国民として国家に守られるべきである。

医療や介護、保育等は、立派なサービス産業である。上智大学総合人間科学部教授で厚生労働省年金局長、雇用均等・児童家庭局長を務めた香取照幸によると、2013年時点の日本の主要産業の市場規模は、情報通信産業80兆円、自動車、建設50兆円、医療産業40兆円、介護10兆円、不動産産業30兆円、大型小売店20兆円である。地域医療と介護基盤の強化が達成できれば、2025年には市場規模は90兆円になると推計され、最も成長が見込まれる産業の一つでもある。またこの分野は全国あまねく需要があるため、一極集中はなく、地域経済の下支えをしているのであり、今や、社会保障（産業としての社会保障）を度外視した産業政策はあり得ない（『教養としての社会保障』　香取照幸　東洋経済新報社　2017年）。

超高齢化社会の中で、国民が医療・介護に関して不安なくサービスを受けられる体制を目指すのであれば、数百万人の雇用増が必要になるといわれている。他方、今後低成長経済が続いていく中で、ＡＩ等の普及や、新興工業国の台頭の中にあるメーカーの工場部門から大量の就労者がはじき出されてくることが予想される。したがって、そうした人たちを医療・介護分野や保育・教育分野で積極的に吸収することが望ましい。このことは単に失業者に仕事をもたらすだけにとどまらず、ダムや道路に代わって、成熟社会の公共財である手厚い医療や介護が新しい社会インフラとして整備されるということを意味する。このような構造改革を実現するためにも、ＢＩや転職に当たっての就業支援、特にガテン系からＩＴ系やサービス系への能力開発や職業訓練を手厚くする必要があると思われる。

**（男女格差の是正）**

日本社会は男女格差が大きく、男尊女卑の強い社会である。世界経済フォーラム（ＷＥＦ）の２０１９年の「ジェンダー・ギャップ指数」は、日本は１５３カ国中１２１位である。女性の非正規雇用は全体の過半数を超えている。離婚すれば、養育費の未払い率は８割を超え、ほとんどの母子世帯は元夫から養育費をもらえていない過酷な現実がある。

多くのシングルマザーが、社員として働ける可能性が比較的高い仕事である介護職は、圧倒的に女性の職場であるが、賃金は高くない。このため、シングルマザーたちのセーフティネットとなる反面、低賃金、違法労働を強いる等、女性の貧困を牽引する危険も併せ持っており、離職率が採用率を上回っている。また、警察庁によれば、２０１９年度の性風俗関連特殊営業の届出数（営業所等数）は、３万１９５６件（「令和元年における風俗営業等の現状と風俗関係事犯の取締り状況等について」）であるが、ＢＩによって、一般女性の可処分所得が月数万円増えたり、現在の男性と同等程度に実質賃金が向上すれば、風俗業界で働く女性は大幅に減少する可能性がある。

内閣府の「男女共同参画白書 平成30年版」によれば、女性の就労が進み、戦後主流であった専業主婦世帯は、1980年の1114万世帯から2017年には641万世帯に減少したのに対し、共働き世帯は、614万世帯から1188万世帯へと増大した。それにもかかわらず、「家計の主な稼ぎ主は男性であり、女性はその補助的な役割を果たす」という古い価値観から抜け切れていない。

女性の社会進出は、生活費を稼ぎ、あるいは自己実現の機会を提供するだけでなく、労働力不足が緩和されたり、年金を支える働き手が増えたりするという意義もある。

育児休業は、男性より賃金の低い女性が取るケースが多いが、国立社会保障・人口問題研究所の「第15回出生動向基本調査」（2015年）によれば、第一子妊娠前に非正規社員だった場合、育児休業を利用して就業継続した割合は10％に過ぎない。育児休業を取った女性は、乳児と24時間向き合う母親として育児専業化されてしまう。産前は対等だった夫婦の関係が、1年の育休で変わり、家庭内で役割分担が固定しないようにするには、父親の育休取得を義務化すべきである。2019年度の育休取得率は女性83・0％、男性7・5％である。ただし、男性の育休が「取るだけ育休」にならないように、炊事、洗濯、ごみ出し等の家事や乳幼児の入浴、おむつ替え、ミルクづくり等の育児に関するリテラシーを身に付けてもらわないと、かえって妻の負担になる可能性もある。そして、このような家事、育児に関するリテラシー獲得を目指す取組みは、シングルファーザーになった場合にも役立つ。

**(少子化対策効果)**

国立社会保障・人口問題研究所の「将来推計人口」によれば、2060年には我が国の総人口は8674万人に減少し、65歳以上人口割合は約40%になる見込みである。これに対し、閣議決定された「まち・ひと・しごと創生長期ヴィジョン」では、人口減少克服の取組みにより、2060年に総人口1億人程度を確保し、2090年頃に9000万人程度で定常状態になると見込んでいる。

我が国では、子どもがいると生活が楽しく豊かになるという意識が強く、子どもを2~3人持ちたいと考えている人が多い。国立社会保障・人口問題研究所の「第15回出生動向基本調査」(2015年)によれば、夫婦の理想子ども数は2・32人、予定子ども数は2・01人と、ともに過去最低となった。夫婦が理想の子ども数を持たない理由は、「子育てや教育にお金がかかりすぎる」(総数56・3%)であり、とくに妻の年齢35歳未満の若い層では8割前後の高い選択率となっている。さらに「欲しいけれどもできない」のほか、「高年齢で生むのはいや」、育児負担、「仕事に差し支える」、「家が狭い」等の理由を挙げる割合が高い。

内閣府「令和元年版　少子化社会対策白書」で、男性の従業上の地位・雇用形態別の有配偶率を見ると、正規の職員・従業員では25～29歳で30・5％、30～34歳で59・0％となっているのに対し、非正規の職員・従業員では25～29歳で12・5％、30～34歳で22・3％となっており、それぞれ正規の職員・従業員の半分以下となっている。また、非正規の職員・従業員のうちパート・アルバイトでは有配偶率は25～29歳で8・4％、30～34歳で15・7％であり、正規の職員・従業員の4分の1程度となっている等、雇用形態の違いにより配偶者のいる割合が大きく異なっていることがうかがえるとしている。

同じく内閣府の「結婚・家族形成に関する調査報告書」によれば、20～30歳代の男性について年収別の婚姻状況を見ると、年収が300万円未満の場合、20歳代・30歳代ともに既婚率が10％を下回り、年収300万円以上の既婚割合（25～40％弱）と比較して、大きな開きがある。結婚生活をスタートさせるに当たり必要だと思う夫婦の年収については、20～30歳代の9割以上が「年収300万円以上」と回答している。

無職や非正規雇用の労働者は、正規雇用の労働者に比べて結婚意欲が低い。非正規雇用労働者では、経済的理由から結婚していない人が多く、年収300万円未満では既婚率が1割に満たない状態である。300万円以上400万円未満では25％を超えていることから、300万

単年度））より太枠内（合計欄）著者作成　（単位：円）

| | 中学校 | | 高等学校（全日制） | | 合計 | |
|---|---|---|---|---|---|---|
| | 公立 | 私立 | 公立 | 私立 | 公立 | 私立 |
| | 488,397 | 1,406,433 | 457,380 | 969,911 | 5,435,958 | 18,304,926 |
| | 1.0 | 2.9 | 1.0 | 2.1 | – | – |
| | 138,961 | 1,071,438 | 280,487 | 719,051 | 1,999,170 | 11,790,585 |
| | 28.5 | 76.2 | 61.3 | 74.1 | – | – |
| | 1.0 | 7.7 | 1.0 | 2.6 | – | – |
| | 42,945 | 3,731 | – | – | 448,245 | 389,661 |
| | 8.8 | 0.3 | – | – | – | – |
| | 1.0 | 0.1 | – | – | – | – |
| | 306,491 | 331,264 | 176,893 | 250,860 | 2,988,543 | 6,124,680 |
| | 62.8 | 23.6 | 38.7 | 25.9 | – | – |
| | 1.0 | 1.1 | 1.0 | 1.4 | – | – |

う全幼児・児童・生徒数全体に占める私立学校に通う者の割合（平成30年度）
：1.2%）
.5%　生徒数：33.0%）

円が一つの境目となっているようである。ＢＩはこの「年収３００万円の壁」をクリアする若者を増やすことができる。

「２人目の壁」の存在には、教育費が高いことも影響している。文部科学省「平成30年度子供の学習費調査結果」と日本政策金融公庫「教育費負担の実態調査結果」に基づき、教育費を試算すると、幼稚園から大学まですべて公立学校で教育を受けたとしても１０００万円超、高校まで公立で大学が私立文系の場合、１２００万円超となる。大学４年間の仕送り額は約４００万円となるので、これを加えると、すべて公立学校の場合１４００万円程度、大学だけ私立（文系）の場合１６００万円程度となる。つまり、たと

学校種別の学習費の状況
文部科学省　平成30年度子供の学習費調査結果（表1　学校種別の学習費

| 区分 | 幼稚園 | | 小学校 | |
|---|---|---|---|---|
| | 公立 | 私立 | 公立 | 私立 |
| 学習費総額 | 223,647 | 527,916 | 321,281 | 1,598,691 |
| 公私比率 | 1.0 | 2.4 | 1.0 | 5.0 |
| うち学校教育費 | 120,738 | 331,378 | 63,102 | 904,164 |
| 構成比（%） | 54.0 | 52.8 | 19.6 | 56.6 |
| 公私比率 | 1.0 | 2.7 | 1.0 | 14.3 |
| うち学校給食費 | 19,014 | 30,880 | 43,728 | 47,638 |
| 構成比（%） | 8.5 | 5.8 | 13.6 | 3.0 |
| 公私比率 | 1.0 | 1.6 | 1.0 | 1.1 |
| うち学校外活動費 | 83,895 | 165,658 | 214,451 | 646,889 |
| 構成比（%） | 37.5 | 31.4 | 56.7 | 40.5 |
| 公私比率 | 1.0 | 2.0 | 1.0 | 3.0 |

（参考）公立・私立学校総数に占める私立学校の割合、及び公立・私立学
幼稚園（学校数：64.2%　園児数：84.5%）　小学校（学校数：1.2%　児
中学校（学校数：7.6%　生徒数：7.4%）　高等学校（全日制）（学校数：
※高等学校（全日制）の生徒は、本科生に占める私立の割合である。
（資料）文部科学省「平成30年度学校基本統計（学校基本調査報告書）」

えば80万円×22年＝１７６０万円のＢＩがあれば、大学卒業までの子ども一人当たりの教育コストをほぼカバーすることができる。

年間数十万円のＢＩがあれば、以上のような「年収３００万円の壁」という条件だけでなく、晩婚化や経済的な理由による「２人目の壁」のクリアは容易になる。

**（起業の応援）**

ノーベル平和賞を受賞したムハマド・ユヌスが、バングラデシュで１９８３年に創設したグラミン銀行は、貧困や生活困窮の状態にある人々に低利・無担保で少額の融資（マイクロファイナンス）を

行う機関であり、起業や就労によって貧困や生活困窮から脱却し自立するのを支援する。伝統的な銀行システムから排除された田舎の貧しい何百万人の農民が、必要な生産設備を整え、生産性を高められるようにしたのである。

これと同じように、ＢＩで生活費を賄うことによって他の収入で得た現金を貯めれば、小規模に起業する資金を自力で賄うことも可能である。この場合、毎年ＢＩが給付されるので、たとえ起業に失敗してもまた努力すれば自力で再び資金を貯めることも可能になる。これと合わせて、地域に根差した身近な地銀や信用金庫・信用組合が融資して、地元企業やＮＰＯを資金面で支援すれば、まちおこし、災害からの復興、フェアトレードへの貢献等も拡大することが可能となる。

さらに、２０２０年には、国会の全会派の一致のもと議員立法で「労働者協同組合法」が成立した。この法律は、働く人が自ら出資し、運営にも携わることができる仕組みを設けたものであるが、ＢＩがあればこの「労働者協同組合」にも参加しやすくなる。

また、ＢＩはセーフティネットとしての役割もあるから、フリーランスになろうと十分な準備をしたのに踏み切れない人の背中を押す効果もあるだろう。

## （Uターン、Jターン、Iターンの後押し）

「田園回帰」の動きが少しずつ広がっているが、Uターン、Jターン、Iターン等の移住を検討する人々が最も懸念するのは移住先での職探しである。ＢＩはこの不安を大きく減らすことができる。

住まいの問題がクリアされるなら、東京で生活するのは困難でも、地方ではＢＩだけでもなんとか生活していける可能性がある。特定非営利活動法人地球緑化センターが運営する「緑のふるさと協力隊」で隊員に支給される生活費は毎月５万円である。農業や漁業に携わる人が身近にいる地方への移住は、物価の高い都市部よりも生活費が少なくて済む。農作物の自給、あるいはご近所からのおすそ分け等によって、実質的な生活水準がより高くなることも移住を後押しする。

大都市における満員電車と過密なオフィス環境は、現在問題となっている「密閉」「密集」「密接」の「三密」そのものの生活スタイルであり、天災、感染症、テロ等の危機時のダメージが大きい。これに対し、地方には人口減少で安い土地がふんだんにある。しかも、新幹線の延伸、空港網、高速道路網及び高速バス網によって、地方は以前より格段に便利になっている。地方の現状は、賃金水準が低いとしても、住居費、生活費は安く通勤時間も短い。したがって、新しいデジタル技術で生産性革命を実現し、賃金水準を押し上げられれば、大都市よりも豊かな生活圏をつくり出せる可能性がある。

**〈ディープな手仕事の復権〉**

日本の歴史をたどれば、古典文学や、能や歌舞伎などの芸能、和算や測量技術等、独自性に富む先進的な文化を築いてきたことがわかる。また、現代日本では、漫画、映画、イラスト、アニメ、ゆるキャラ、ご当地アイドル、B級グルメ等のサブカルチャーが隆盛している。これからは、受け手側にも素養・教養が求められるハイカルチャーも一層重要になるのではないか。日本のものづくり、たとえば陶器、木工品、漆製品、染め物、刃物、楽器、黒毛和牛、日本酒等は海外でも高い評価を受けている。BIは、中間層にとっては、付加価値が高く品質のよい製品の購入に寄与する。

希少であることによって、ブランドものを生み出すのは、AIやロボットが生産することができない手仕事である。熟練した手仕事は、精密機械よりも高い精度を出すことができる。たとえば、職人が手掛けた靴は、使えば使うほど履き心地がよくなるという。手仕事は、モノの生産と消費であるとともに、コトの生産と消費でもある。さらにフェース・トゥー・フェースの方向に誘導することで、美容師等のサービス業、職人仕事に支えられている中小・零細企業や地産地消の農業等は、より安定的な役割を担うことができる。

全国には伝統工芸とされるものが約１３００種類ほどあり、いずれも卓越した技術を持つ職人が生産している。その伝統工芸品の中でも、①主として日常生活で使われるもの、②製造過程の主要部分が手づくり、③伝統的技術または技法によって製造、④伝統的に使用されてきた原材料、⑤一定の地域で産地を形成、という法的要件を満たし、経済産業大臣が「伝統的工芸品」として指定する代表的な工芸品は、２０１９年11月現在、全国に２３５品目あり、２０１１年時点での認定登録伝統工芸士数は４４４１名（うち女性は５６９名）である。しかしながら、１９７９年には従事者数28万８０００人、企業数３万４０４３であった伝産業界でも、２０１６年では従事者数６万２９６０人、企業数１万３５６７（２０１２年）にまで減少しており、生産額も５４００億円（１９８３年）だったものが、９６０億円となってしまった。

それでも、技能者の地位や技術水準の向上等を目的に創設された「現代の名工」は、１９６７年から２０２０年までに計６６４６人が表彰されている。

また、公益社団法人国土緑化推進機構では、２００２年以降、造林手、杣師（そまし）のほか、漆塗り職人、茅葺き師、宮大工等、森とともに生きる知恵や技を持つ達人を、「森の名手・名人」として毎年選定している。また、２００９年からは、全国漁港漁場協会及び全国内水面漁業協同組合連合会が、漁師や海女、船大工や釣竿づくりの職人等を「海・川の名人」として選定している。これまでに選定された「名手・名人」は、森と海・川を合わせて１５００名以上になっている。

さらに日本の木造建造物を受け継いでいくための宮大工や左官職人等の技術、「伝統建築工匠の技」が、ユネスコの無形文化遺産となった。これらの技術は建造物修理、建造物木工、檜皮葺・杮葺、茅葺、檜皮採取、屋根板製作、茅採取、建造物装飾、建造物彩色、建造物漆塗、屋根瓦葺・本瓦葺、左官・日本壁、建具製作、畳製作、装潢修理技術、日本産漆生産・精製、縁付金箔製造という17の伝統技術で構成されている。

芸術や工芸には、それを支える材料と道具が必要である。大工や指物師には、よい木材と刃物、料理人にはよい食材と包丁や器が必要なのだ。音楽家には、楽器づくりの職人が、書道家や画家には筆と墨や絵の具が必要である。漆を使う文化財の修復には年間約2トンの漆が必要とされているが、国内の漆の生産量は2016年で約1・3トンにとどまっており、林業の活性化も重要である。

ローテクは「ディープ・テク」へと進化する。このためのキーとなるのが「生物的生産力」の利用である。つまり、農林水産業はもちろん、森の生産力や水を利用した工芸品等の手仕事の復権である。このような技術は、国際的な草の根技術協力にも役立つ。

工業においても、自分の現場の自分の担当のことしかわからず、しかもすぐに交代してしまうような非正規化を行うのではなく、あらゆることに精通し目端が利くベテランの熟練工を大事にするべきである。職人の技術と経験と誇りが、品質を維持し、新技術を編み出し、放っておくと事故に至るかもしれないさまざまな小さい兆候に気づかせるのである。

農業や手仕事の労働は、特定の土地と結びつき、特定の技能や作用等と切り離せないもので、移植可能な労働ではない。土地の自然や風土、歴史や精神性、あるいは教育と結びついた労働は、地方創生とセットである。

職人芸の伝承はこれまで、弟子が一人前になるまでは師匠が食べさせてきた。しかし、ＢＩがあれば、師匠は、弟子に食べさせる負担を考えずに修行させることができるようになる。これらの仕事、あるいは修行の場は、コミュニケーションが得意でなく、「一人きり」を好む人にとっては、意外に向いているかもしれない。ＢＩは後継難の職人仕事の後継者づくりにもよい影響を及ぼす。

## ＢＩをポイントで給付することがとても大きな副産物を生む

**（ＢＩをポイントとして給付する）**

ＢＩは現金を直接に給付するのではなく、「マイナポイント」や「グリーン住宅ポイント」のように、国民一人ひとりにポイントとして配るのがよいと私は考えている。国民の側からチャージすることなく、政府がポイントを付与するのである。これを「ＢＩポイント」と呼ぶこととしよう。ＢＩポイントへの支払いは、政府予算に裏打ちされた財源をもとに支払われる通常の歳出であり、日本銀行が発行する紙幣とは別に政府が独自で発行する政府紙幣とは異なる。

また、税務上、耐用年数1年未満、または取得価額が10万円未満の物品は、消耗品として扱われる。これを援用し、ＢＩポイントは、使用可能期間が1年未満あるいは取得価額が10万円未満の消耗品の購入に充てるためのものと想定した制度設計とする。つまり、たとえば月10万円以下のＢＩポイントを給付し、かつ有効期間を1年間とするのである。

さらに、ＢＩは、所得税の課税対象としないことで、ＢＩの分だけ各人の基礎控除額が増えるのに等しい効果がある。所得でなければ、国民健康保険の所得割分の保険料が増えないようにすることもできる。

ＢＩポイントの導入時期は、マイナンバーカードの普及の程度とマイナポータル利用者のリテラシーの浸透、キャッシュレス決済の普及の具合によって決めるのがよいだろう。マイナンバーカードの普及スピードは芳しくないが、保険証や運転免許証の機能を持てば一気に普及するかもしれない。保有する全口座に紐付けされたマイナンバーカードの所持者に対してのみＢＩポイントを付与するというのは乱暴すぎるだろうか。まずは国会議員が全口座紐付けをしてみせたらどうだろうか。

未成年の利用者のポイントについては、親権者等が後見人あるいは代理人になることでよいだろう。しかし、親たちはそれを子どもたちのために費やさず、自分たちの楽しみだけにそれを費やすのではないかという疑念もあり得る。このため、確実に子ども本人に渡される部分を確保して、少なくとも一部をベーシックキャピタルとして、成年となったときにそれまでのBIのメリットを享受できるようにしてもよいかもしれない。

また、計画的な金銭管理できる力がそれまでの人生経験で育まれて来なかったため、家計管理能力に問題のある人の場合は、本人の希望に応じて、週ないし日ごとに給付することも考えられる。

さらに、依存症対策の観点から、ギャンブルやゲームセンター等での遊興費、金券や貴金属、宝飾品の購入には使えないようにしたり、生活必需品の購入に限定されるように使用できる店舗や売り場を指定したりすることも可能である。その他、後述するハウジングファーストの考え方で住宅を保障すれば、貧困ビジネス等によるBIポイントの悪用を防ぐ工夫も考えることができる。

金券等については、購入できないことが原則であると思うが、鉄道やバスの定期券等は購入対象とすることも考えられる。

ＢＩポイントは、基本的な仕組みはクレジットカードの期間限定ポイントに似ている。マイナンバーカードに紐付けることによる付随的な効果として、本人の死亡を把握して支給を打ち切ることができるほか、子どもの分を親の口座に振り込まなくてよくなることが挙げられる。さらに、アメリカで低所得者向けに支給されている「フードスタンプ」は転売が問題となっているようであるが、ＢＩポイントであれば、転売を抑止することができる。

マイナンバーカードのポイント情報を読み込めるカードリーダーの普及については、自治体が普及策を講じると思われるが、さらに国による配布、貸付け等を行えば、技術的な問題はさほど大きくないと見込んでいる。

**（ＢＩ予算執行残額は無党派層が政治に参加する手段となる）**

国の予算管理の観点から見ると、ＢＩポイントは、必ず未執行の執行残が出るはずで、政府がそれを回収することが可能である。仮に、予算を前述した52・8兆円〜131・7兆円とし、執行率を95％とすると、執行残の予算は2・6兆円〜6・6兆円になる。それを転用して、福祉サービスの現物給付を充実する財源に充てる等、長期的で多面的に必要とされる投資に充当することができる。

その際、これらの投資の対象となる施策をメニュー化して、国民が選択してＢＩポイントを寄付できるようにするのである。現行のふるさと納税では、寄付の使い道を明示し、寄付を募る方式が増えつつある。使い残したＢＩポイントをこのように、使途が明確な施策に寄付できるようにすれば、選挙の投票権を補完する政治的な権利が付加（「新ふるさと納税」とでも呼ぼう）されることになる。現行の「ふるさと納税」は返礼品で「自治体」を選ぶものとなっているが、「新ふるさと納税」は、一種のクラウドファンディングとして、「施策」「政策」を選ぶものである。それでも執行残となったものは、国債の償還に充て込むこととすれば、ＢＩポイントは使い切っても、使い残しても社会に貢献できることになる。ＢＩポイントの残額を、自らの意志で、自覚的に財政再建や「新ふるさと納税」に振り向けることを可能にすることによって、選挙だけでは政治から疎外されていると感じている無党派層が政治にかかわれる手段が生まれるのである。仮に5％の残額がすべて「新ふるさと納税」に投入されるなら、現在の地方交付税交付金が約16兆円であるから、そのインパクトはとても大きなものになる。

なお、現行のふるさと納税においてさえ、私たちがお得な返礼品目当てではなく、自治体の施策、政策を選ぶことを積み重ねれば、社会に大きな影響を及ぼすことができることを自覚すべきである。

ところで、国債の発行残高は２０１９年度末で８９７兆円にも及ぶ。特例国債、いわゆる「赤字国債」はそのうち６１４兆円に達している。他方、公共事業費は１９９８年時点では約

15兆円あったものが、ここのところでは6兆円台にまで減っている。

今後、老朽化したインフラを更新しながら、強靭化を図っていくためには建設国債はむしろ増額する必要があるだろう。しかも単に更新するだけではなく、環境やエネルギーや福祉にも配慮した新しい形のインフラを構築していくのである。

既存のインフラは400兆円分あるといわれている。この更新経費の概算額は、耐用年数を50年とすると400兆円／50年＝8兆円である。財源確保の方法は、税収増か国債発行である。国債の場合は、国の利払い費（現時点では約8兆円）が発生し、その4割、約3兆円は銀行や生保等の金融機関の収入になっているという。しかし、この金額は、国民にとっては税による財源調達であればなかったはずの負担である。そこで、前述したBI予算の執行残額をこれらの更新経費に充て込むことや、赤字国債については償還を優先して、利払い費の圧縮を行い、財政を再建するといった選択肢を設けておくことが大きな意義を持つ。

### （消費税を「累進税化」する）

消費税は逆進的だという批判があるが、BIポイントという仕組みを活用すれば、消費税を「累進税化」することもできる。それは、BIポイントでの支払いに対しては消費税率を非課税とするというアイデアである。

話を単純化するため、仮に、消費税率20％、年間のＢＩ給付額を１００万円とし、ＢＩポイントからの支出には、消費税は課税されないとすると、ＢＩでの購入可能額は１００万円である。ＢＩポイントを含め、すべての収入を全額消費するとすれば、

・年間可処分所得１００万円の人の購入額は２００万円となるが、その際の消費税の負担額は（２００万－１００万）×20％＝20万円なので、実質の税率は20万円／２００万円＝10％で、購入可能額は2倍になる。

・年間可処分所得１０００万円の人のＢＩ以外の消費税額は１０００万×20％＝２００万円なので、実質税率は２００万／１１００万円＝18・２％となる。

合わせて生活保護費のように所得税を非課税とすることで、所得税10％、消費税20％の場合、１・１×１・２＝１・32であるから、現金と比べて約１・３倍の購買力があることになる。月額５万円のＢＩ（ポイント）なら、５万円×１・32＝６・６万円、７万円なら、７万円×１・32＝９・24万円の価値がある。この金額は、単身者の生活扶助、老齢基礎年金と同等以上である。逆に７万円の価値でよいとするなら、７万円／１・32＝約５・３万円、63・６万円／年・

人、つまり約61兆円の財源があればよいことになる。この金額は、前に紹介した財源確保に関する波頭亮の案と同じ額である。

この場合、

・年間可処分所得63・6万円でＢＩ給付額も63・6万円の人の場合、実質の消費税率は２分の１（元の消費税率が20％なら10％）

・年間可処分所得１２７・２万円でＢＩ給付額63・6万円の人なら実質消費税率は３分の２（同13・3％）

・年間可処分所得１９０・８万円の人なら消費税率は４分の３（同15％）

に軽減されるのである。

所得階層の中で最も多いのは年間所得２００万～３００万円であり、全世帯の３分の１が３００万円以下の年間所得、４分の１は年収２００万円以下である。ＢＩは個人に対して給付するので、年間60万円（月額５万円）のＢＩでも、世帯当たりで見れば、２人以上世帯では可処分所得の増加効果は相当に大きなインパクトがある。

また、仮に消費税率が20％なら、ＢＩポイントで購入するときの税率は、０％～20％の間で定めることとしてもよい。経済を引き締めるためには、ＢＩポイント使用時の消費税率を引き上げ、デフレからの脱却のためには消費税率を下げればよいのである。

## 加入者にとって有利な制度である公的年金は拡充する

２０１５年には３３９０万人だった高齢者数は２０４０年にかけて５００万人増加すると見込まれている。内閣府の「高齢社会白書」（２０１９年版）によると、高齢者世帯の２０１６年の平均所得は３１８・６万円で、全世帯から高齢者世帯や母子世帯を除いた世帯の６６３・５万円の５割弱の水準となっている。平均等価可処分所得金額で比べると、高齢者世帯は２１８・５万円に対し、その他の世帯は３１２・３万円であり、93・８万円も低い。

公的年金は保険としての意義がある。障害年金や遺族年金を損得で考える人はいないだろう。老齢年金は長生きした場合の保険であり、若くして死亡するリスクに備える生命保険とは正反対のリスクに対する保険である。

公的年金がなく、老後の蓄えはすべて自己責任でということになれば、ますます過剰貯蓄が増えてしまう。年金制度というのは、この無駄を少なくする効果を持っており、一人ひとりが老後の生活で必要なコストを社会全体で賄うことで、過剰貯蓄を最も合理的に小さくしている。

公的年金は賦課方式であることによって、インフレにも対応できる制度となっているのは重要なことである。このため、非正規雇用の人も全員、厚生年金に加入させるのが公平である。非正規社員もすべて厚生年金に加入させるように制度を改めることは、企業が負担すべき賃上げ分をBIとして公費で負担することに対する見返りという意味もある。第3号被保険者の第2号への移行による被保険者のメリットは、①2号被保険者になると、受給が基礎年金と厚生年金となり、老後の年金受給額が増えること、②就業不能時に所得補償として傷病手当金を受給することができるようになることである。国民年金は、保険料を未納している人も納入免除を申請することで、公費負担分の年金（最大で基礎年金分の約38万円）の受給と納付期間中の障害年金・遺族年金の受給資格を得るというもので、加入者にとって有利な制度である。

非正規雇用は健康保険・厚生年金保険・雇用保険が適用される正規雇用と異なり、社会保険による生活の保障を受けることができず、無保険状態になってしまう危険性がある。非正規労働者に被用者保険をきちんと適用すれば、企業は等しく事業主負担の義務を負う。社会保険についてはフルタイムとパートタイムを区別せず、働く時間数に応じて組み込まれるようにすればよいのである。

また、少子化時代にあっては、女性の社会進出を進めることで、より多くの働き手が、年金で高齢者、障害者、ひとり親家庭を支えるようにするべきである。総務省統計局「労働力調査

（基本集計）２０１９年」によれば、15〜64歳の２０１９年の就業率は男性84・２％に対し、女性は77・７％であった。厚生労働省雇用環境・均等局の「令和元年版　働く女性の実情」によれば、同年の女性の労働力人口は２６９３万人であったから、女性の就業率が男性並み84・２％になれば、女性の就業者は２６９３万人×（84・２％―77・７％）＝１７５万人増える。女性の就業率がM字カーブから台形に近づいていくことは重要である。

## ハウジングファーストを拡大して市民社会の基礎をつくる

### （ハウジングファースト（ＨＦ）とは）

適切な睡眠は、心や身体の健康には欠かすことができない。睡眠時間は、喫煙や運動、血圧やコレステロールといった主な生活習慣病の原因よりも、死亡率と強い関連を示す。このため、よい睡眠をとることは、心身の健康を維持する上で、必須の条件である。人間には、何者にも怯えずに「ゆっくり寝ることができる場所」が必要である。２０１５年４月から生活困窮者自立支援法が施行され、条件を満たせば、住宅手当の受給が可能になった。しかし、住宅手当を受給できる期間には限りがあり、不安定就労を続けてきた人が条件のいい正規職に就ける可能性は低いため、根本的な解決には至らない場合が多い。

ＨＦとは、ホームレス生活をする人を支援する際、施設等での一時保護から、段階的に新たな住居の所有を支援するのではなく、まず、最初に各人に住まいを提供することを優先し、地域での自立につなげるという考え方。１９９０年代にアメリカで取組みが始まったものである。それはホームレス生活によって蝕まれた心身の健康を回復させるためには、治療や訓練等の支援を受けることを、住まいを得ることの条件にするべきではないというものである。「就労自立」支援が、社会のルールをまず受け入れさせるという「父性的」なものであるのに対して、ＨＦはまずありのまま受け入れるという「母性的」な考え方ともいえる。

生活保護法で、アパートで保護することが原則とされているにもかかわらず、自治体の窓口で生活保護を申請しようとするとき、住まいがなければ無料低額宿泊所（社会福祉法に位置づけられている。以下「無低」という）を紹介されることがあるといわれている。厚生労働省の「無料低額宿泊事業を行う施設の状況に関する調査結果」によれば、２０１８年７月時点における全国の無低の数は５７０か所で、入所者数は計１万７０６７人。このうち生活保護受給者は1万５４５７人であるが、その57・2％が福祉事務所からの紹介で施設を知ったと回答している。このほか、２０１５年6月末時点で、届け出がなく「社会福祉各法に法的位置づけのない施設」が全国で１２３６か所あり、入所者数は1万６５７８人に上る（厚生労働省調査。生活保護受給者が2人以上利用し、住宅の提供以外に何らかの料金を徴収している施設で、入所者数は生活保護受給者に限る)。無低は2段ベッドがいくつも置かれた3密状態の相部屋であることも多い。長期入居や劣悪な環境で保護費の大半をピンハネする「貧困ビジネス」の存在等の問題を指摘されている施設もある。全室個室の施設は459施設(80・5%)であるが、個室1万6635室のうち、間仕切壁が天井まで達していない居室である「簡易個室」が32 73室と約2割を占めている。

マンションや戸建住宅を購入できる層とできない層が分かれており、また在宅介護が期待できない単身世帯が増える時代においては、社会福祉政策としての住宅政策のあり方が課題となっている。HFの考え方は、ホームレスの場合だけでなく、住宅確保要配慮者等、住環境に恵まれない人々の住まいの質的向上にも適用すべきである。

**(住宅確保要配慮者)**

国土交通省住宅局安心居住推進課の資料(「居住に課題を抱える人(住宅確保要配慮者)に対する居住支援について」)によると、貸主の拒否感は、障害者に対して7割、高齢者に対して8割、外国人に対して7割であるという。

住宅確保要配慮者とは、高齢者、障害者、低所得者、被災者、子育て世帯であるため、賃貸契約によって住まいを得ることが困難な人々である。国土交通省令では、外国人、中国残留邦人等、児童虐待を受けた者、ハンセン病療養所入所者等、DV被害者、拉致被害者、犯罪被害者、生活困窮者及び矯正施設退所者も、「要配慮者」に含まれる。住宅確保要配慮者への居住支援としては、2017年10月からスタートした住宅セーフティネット制度がある。これは、①住宅確保要配慮者の入居を拒まない賃貸住宅の登録制度（令和2年10月末現在登録戸数13万4455戸）、②登録住宅の改修や入居者への経済的な支援、③住宅確保要配慮者に対する居住支援を柱としている。その中で、住宅確保要配慮者に対し家賃債務保証の提供、賃貸住宅への入居に係る住宅情報の提供・相談、見守り等の生活支援等を実施する「居住支援法人」は46都道府県が、令和2年10月末現在356法人を指定している。

具体的な自治体の取組み例を挙げると、東京都世田谷区は、安否確認・原状回復等がセットになった保証サービスへの加入費用の補助や、不動産業者と役所が組んで、高齢者、障害者、ひとり親世帯、性的少数者（LGBTQIA）、外国人の世帯に、空き室情報を提供する制度を始めている。

また、大規模災害時に、民間の賃貸住宅の空き家を自治体が直接借り上げて被災者に提供することにより、従来型の仮設住宅と違い、建設コストがかからない「みなし仮設住宅」という仕組みが新たに導入された。この仕組みを援用して、平常時でも自治体が空き家を借り上げ、「住宅確保要配慮者」に低家賃で転貸する制度をつくれば、これらの人々の住宅事情は大きく改善される。このような手法は、地方では移住希望者の住まいの確保にも役立つのではないか。

さらに、夫からＤＶ被害にあった女性たちに限らず、女性なら誰でもいざというときに駆け込むことができるシェルターや婦人保護施設の役割も重要である。女性たちを救う目的で設けられた機関は大まかにいって、０歳から17歳までの児童相談所、15歳から20歳までの自立援助ホーム、そして婦人保護施設である。２０１６年５月に成立した改正児童福祉法により、それまでの対象年齢の上限は、児童相談所が18歳から20歳へ、自立援助ホームが20歳から22歳まで伸びている。自立援助ホームは、児童福祉法に基づき、原則15歳（中学卒業後）から20歳までの家族がいない児童や、家庭にいることができない児童らが、生活しながら仕事に通う場所である。全国自立援助ホーム協議会によると、２０２０年11月１日現在、全国に１９６ホーム（協議会未入会ホームを除く）あるという。このほか、配偶者のいない女性やそれに準ずる事情のある女性と子どもが入所でき、自立に向けた支援を受けることができる母子生活支援施設もある。

**（公営住宅・公的住宅）**

ひとり親家庭は１４０万世帯以上あるが、住宅費は、その家計の中で大きな割合を占める。母子家庭の持家率は極端に低い。特に、死別以外の離婚や未婚のシングルマザーは、賃貸住宅に住むことが多いが、都市部ではその家賃負担は6～7万円になり、家計の中に占める割合は3～4割になる。このため、住宅水準の向上を図り、この家賃でも一定の基準を満たす現物を提供する必要がある。

公営住宅の「入居待機者」は、保育所や放課後学童クラブの待機児童、特養ホームの入所待機者、児童養護施設や乳児院で里親の出現を待つ子どもたちと並んで「四大待機者」とでもいうべき状況にある。何十回も抽選に応募しないと入居できないような場合、コミュニティへの参加の結果与えられる自治体ポイントの累計や、子ども、高齢者といった家族の人数によって家族用の公営住宅の抽選倍率の優遇を行うことや、同じ収入なら、医療、介護、保育への従事等の社会への貢献度を考慮することも考えられる。

総務省行政評価局「公的住宅の供給等に関する行政評価・監視結果報告書」によれば、2015年度末現在、主な公的住宅の管理戸数は、公営住宅が約217万戸、地域優良賃貸住宅が約15万戸、独立行政法人都市再生機構の賃貸住宅が約74万戸である。公営住宅においては、募集しても1年以上入居者がいない長期空き家は2015年度では2万1764戸と1％を占めている。地方住宅供給公社が建設し賃貸する公社賃貸住宅については、一般社団法人全国住宅供給公社等連合会によれば、2019年度末で、全国で約17万戸ある。また、中堅所得者世帯に対して優良な賃貸住宅を供給するため、地方公共団体が建設費及び家賃の一部について支援を行っている民間賃貸住宅である特定優良賃貸住宅は約5万戸ある。さらに、原則として、60歳以上の高齢者（単身または夫婦世帯）が安心して生活できる居住を確保するための高齢者向け優良賃貸住宅が３４１０戸、地方住宅供給公社が供給する終身利用権方式のケア（介護）付き高齢者住宅が１８５１戸ある。このほか、「高齢者住まい法」の改正により創設された介護・医療と連携し、高齢者の安心を支えるサービスを提供するバリアフリー構造の住宅であるサービス付き高齢者住宅が５７４戸ある。しかし、これらの公的住宅、特に高齢者向けの住宅はあまりにも供給戸数が少ないので整備のスピードを上げるべきである。

一方、未婚者や高齢者のひとり暮らしが増加しているが、このことは比較的小さな住居でも支障のない人が増えてきたということでもある。２０１５年の国勢調査によれば、65歳以上の17・7％にあたる５９２万８０００人がひとり暮らしである。加えて、単身者、特に高齢者、障害者、児童養護施設出身者、路上生活者、ネットカフェ難民、外国人等は、賃貸住宅への入居が困難である。食費や医療費を切り詰めることは難しいことから、ＨＦの立場から、安い家賃で入れる高齢者向け等の住宅を整備することが必要である。社宅の空き室を外国人留学生に貸す仕組みがあるが、同じように単身高齢者等への社宅の提供があってもよい。

**（空き家・空き部屋の活用）**

公営住宅は、入居できた人と入居できない人の差が大きく、住宅事情の良くない庶民との公平性を考慮しなければ理解を得られない。空き家、空き地をHF用途に利用することによって、総体としてより公平な仕組みをつくるべきである。

総務省の「住宅・土地統計調査」（2018年）では空き家率は過去最高の13・6％であった。2016年野村総合研究所の試算によれば、2033年の全国の空き家率は30・4％にまで上昇する。総務省の「平成30年住宅・土地統計調査」（住宅及び世帯に関する基本集計）によれば、2018年の空き家総数約849万戸のうち、約半数に当たる433万戸が共同住宅である。さらに、国土交通省によると、全国では賃貸用の住宅429万戸のうち耐震性があり、駅から1km以内で、簡易な手入れにより活用可能な「その他空き家」は、全国で約48万戸（2013年）と公営住宅の4分の1ほどもある（国土交通省　社会資本整備審議会産業分科会不動産部会（第30回）資料1－1「空家等の現状について」）。

ただし、このような空き家を活用する場合、土砂災害特別警戒区域等のレッドゾーンや浸水想定区域等のイエローゾーンに住まないで済むように誘導しなければならない。国も施策化を進めているが、少なくともこのような地域においては、新築か建替えの際に、土台の嵩上げを義務づけるといった施策が必要である。

住宅確保要配慮者に空き家・空き部屋を活用して住居を提供する場合には、入居者に土地や家屋の維持管理に従事してもらってはどうか。大きな課題となりつつある増加する空き家・空き地対策を逆手に取る発想である。1970年代頃には、公共事業等が「職の提供を通じた生活保障」という形で社会保障的な機能を果たしていた。その代わりに、地域貢献型ソーシャルワークへの従事として位置づけ、ごみの分別、清掃、修繕等を、入居者本人または支援団体が受託し、現行の住宅扶助分くらいは、基本家賃分の委託費として渡せるようにするのである。

国土交通省の『令和2年版　土地白書』によれば、空き地に関する苦情のトップは「雑草・雑木の繁茂、落ち葉の散乱、草木の越境」で、「害虫の発生」「ごみ等の投棄」がこれに続く。また、ふるさと納税の返礼品として、遠隔地に住む所有者に対する「空き地の管理サービス」を設定する事例もある。人口減少で遠隔地に住む親族から土地を相続するケースが増えたことによって、土地の維持や管理を負担に感じる傾向も強まっていることから、これらの業務のニーズは少なからずあるのではないか。

また、学校の統廃合による跡地や、オープンして50年近くを経た老朽化した団地・ニュータウンがある。これらの空き施設を他の施設に流用できればよいのだが、それがなかなかできない理由の一つに、補助金の目的外使用、流用の禁止という縛りがある。確かに施設には目的があり、それに対し補助しているのであるが、いつまでもそれに固執すると、一定年限を経過しても他の目的施設への転用ができず、資源の浪費である。

なお、要介護3以上の高齢者が入居する特別養護老人ホーム（特養）の待機者は29・2万人（2019年4月）である（2019年12月25日付 日本経済新聞電子版）。東京都江戸川区が、介護付き有料老人ホームの平均入居率が9割であることに着目し、その1割の空き室を活用して待機者の入居を増やす事業を行っているが、このような「空き室」の活用法も参考にしたい。

また、一般社団法人コミュニティネットワーク協会が豊島区内で取り組んでいるように、空き家物件を、セーフティネット住宅（高齢者、障害者、子育て世帯等の入居を拒まない賃貸住宅）として活用し、見守りを行う仕組みづくりも行われている。

## （ナショナルミニマムとしてのHF）

社会保険（広義では、医療保険（健康保険）、年金保険、介護保険、雇用保険、労災保険）と公的扶助（生活保護）等の現金給付は、全国一律の画一的基準によって統一され、国家の責任である。これに対して、現物（サービス）給付は、多様な地方社会ごとに営まれる生活実態に合致するよう提供するべきものとして地方自治体の責任である。しかしながら、私は、HFについては、国が責任を持つ体制が望ましいと思う。政府はかつて、高度成長下での経済刺激効果を期待して、公営住宅重視の方針をとらず、持ち家を奨励した。しかしながら、人口が減少し高度成長が望めない時代には、方針転換が必要である。

神戸大学名誉教授で住居学を専門とする建築学者の早川和男が

「だが、たとえばお金があり家があるから老後も安心というわけではない。近くに往診してくれる医者がいる、車いすで行ける医院や歯科医院がある、美容院や理髪店がある、いつでもすぐ来てくれるヘルパーがいる、デイサービス施設が近くにある、頼めば給食もしてくれる、なにかと助けてくれるコミュニティがある……。要するにハンディキャップがあっても高齢になってもいきいきと生きることのできる住居と居住地が存在しなければならない。」

（『居住福祉』早川和男　岩波書店　１９９７年）

と指摘しているが、これはＨＦの理念の具体例といってよい。個人、家族、社会の健康と調和を得られる居住環境は、市民社会の基礎である。であれば、空き家は住宅だけでなく、ミニ福祉施設に活用することも考えられるだろう。

公営住宅や公社、都市再生機構（ＵＲ）等の公的な団地には、障害者や高齢者や子どもたち等多様な人々が日中過ごすような施設や保育所、介護事業所等も付置する。小規模多機能型居宅介護施設や、子育て世代包括支援センター（母子健康包括支援センター）、市区町村子ども家庭総合支援拠点を必ず整備すべきである。民間による高層マンション建築や開発行為の際も同様である。

また、子ども食堂が、貧困対策に加え、多世代が交流する機能を持つとして注目されている。農林水産省の『食育白書』2017年度版によれば、すべての食事を一人で取る日が週の半分を超える人は15・3％を占め、2011年の調査から約5ポイント増加したことが報告されている。孤食は自分のペースで楽しめる食事でもあるが、一方ではそのリスクも指摘されている。たとえば、成長期の子どもや、一人暮らしのお年寄りにとって、孤食が習慣化すると、偏食や欠食の原因になるだけでなく、精神的に不安定になる等のさまざまな問題を引き起こすことである。2018年3月末時点で、75歳以上の世帯が全体の約4割を占める都営住宅では、単身世帯が半数に上り、今後も入居者の高齢、単身化は進む見通しである。このような高齢化社会においては、「子ども食堂」と同様に、大人にも居場所と支援を提供する「大人食堂」が必要である。これは既に若者の労働問題に取り組むNPO法人POSSEの仙台支部と仙台けやきユニオンが中心となって進められている取組みである（Yahooニュース2019年5月19日『「大人食堂」はなぜ必要か？「大人」も支援や居場所を求めている』今野晴貴）。また、東京都は都営住宅の集会所等を活用して、「東京みんなでサロン」を開設し、高齢者が一緒に食事して交流を図るという施策を進めている。みんなが手分けして協力しあい、料理をつくる人と食べる人がきっちり分かれていないような居場所となり、周辺の子どもたちや地域住民も含めたコミュニティ形成ができると素晴らしい。また、東京都が建設・所有し、東京都住宅供給公社が募集・管理する東京都施行型都民住宅では、空室を利用して市区町村が保育、介護、生活相談等に使用できるようにしている。さらに、同公社は集会所を「コミュニティサロン」に変更するとともに、その使用料を全住宅「無償化」し、高齢者世帯などの「居場所づくり」や、子育て世帯などの「憩いの場づくり」、テレワーカーなどの「仕事の場づくり」としての利用を促進し、コミュニティ活性化に取り組んでいる。

**〈先進的な地域福祉の具体例〉**

核家族化、ひとり親化が進んだ今の日本においては、近所等のおじいちゃん、おばあちゃんの持つ「祖父母力」による「孫育て」をマッチングすることで、高齢者の側も「長生きは悪いことではない」と思えるようにすべきである。産み育てやすいまちにすることは、少子化対策への近道となる。

慶應義塾大学経済学部教授の井手英策は、通所介護、障害児の学童保育である放課後等デイサービス、地域活動支援センターを通じた障害者向けのデイサービス等を同じ施設で提供する富山県での取組みを紹介している。子どもも、お年寄りも、障害者もそれぞれが必要とするサービスを同一の施設内で受けることが可能な「富山型デイサービス」が提供されているのである。保育園、学童保育、放課後等デイサービスからなる児童向け施設と、特別養護老人ホーム、ショートステイ、デイサービスからなる高齢者向け施設とで構成される「あしたねの森」という施設では、学童保育は、遊びや生活の場であるだけでなく、下校後の学習や長期休暇中の学習をサポートする場でもある。子どもたちは、学校の宿題はもちろん、そろばん、漢字検定や数学検定の指導、さらには時事問題についての議論や理科の実験等、幅広いサービスを提供されている。そこでは、子どもたちは、隣接する高齢者向け施設で施設内のごみを集めてまわったり、お茶出しをしたり、園庭の草むしりに始まり、神社の境内の掃除等のさまざまなボランティア活動を行う等、勉強だけではなく、高齢者や地域の人たちとのかかわりが重視されているという。特筆すべきなのは、学童クラブと障害児を対象とした施設の部屋が同じ建物の同じフロアに設けられており、「あしたねの森」の施設のなかで発達支援を受けられることである。(『富山は日本のスウェーデン　変革する保守王国の謎を解く』井手英策　集英社　2018年)。

これからの時代は、このような場所でも、省エネやリサイクル、廃棄物ゼロ、食育等の取組みがなされてもいい。また、ひとときも息を抜けず、精神的に追い詰められたシングルマザーが休息できるよう一時的なチャイルドケアを提供できるとよい。「命をいただいていること」

を教えながら食事を提供し、食後には絵本を読んだり、宿題を見る等の世話をしてくれるなら、その間母親は家の中で自分の時間を持つことができる。

**(住宅の質を高める)**

ＨＦで提供される家は、どんなものでもよいわけではない。居住性だけではなく、化学物質過敏症には無縁で、災害に強い、安心・安全な住宅であるべきだ。木造住宅の場合、耐久性を高めるため、気候や風土に適した地元の木材を使用することが望ましいだろう。また、新型コロナ感染症流行による外出自粛をきっかけとして、各企業で在宅勤務を定着させようとする動きが広がりつつある。これからの住宅政策は、在宅勤務の普及を踏まえた質の向上を図る必要があるだろう。

たとえば、兵庫県尼崎市は、「尼崎版ＳＤＧｓスマートマンション」と称する制度を２０２０年４月に創設している。尼崎市の公式ホームページによれば、この制度は、①家庭用エネルギー管理システム（ＭＥＭＳ）の各戸導入による省エネ策、②地域経済の活性化につながる対応（例：地域通貨等の活用）、③市が社会問題と捉える防災や子育て支援等につながる仕掛け、という環境面、経済面、社会面の３つの条件を満たすマンションや戸建て住宅群の建設に補助金を交付するものである（スマートマンション推進事業（ＳＤＧｓスマートマンション認定））。

これは優れた住環境を備えた集合住宅を増やし、定住人口の確保にもつなげようとする試みである。

**(防災面での質の充実は特に重要)**

これまでは、震災対策に重点が置かれてきたが、気候変動の深刻化に備え、治水を強化し、水害対策、土砂災害対策にも力を入れなければならない。

3万5000本近い河川のうち、主に国が管理する1級河川は100年に一度、都道府県が管理する2級河川は50年に一度の豪雨を想定してダムや堤防等を整備し、災害を防いできた。しかし近年、豪雨が頻発し、水害が起きやすくなった。これは、核家族化によって住宅の必要数が増えるため、水害の危険のある洪水浸水想定区域が開発され、家が建てられていったことも影響している。また、高齢者支援施設や医療施設は用地を取得しやすい危険な場所に立地しがちである。

静岡大学防災総合センター教授の牛山素行は、1999~2018年の風水害による死者・行方不明者1259人についての調査結果をもとに、土砂災害による犠牲者は、9割弱がハザードマップ等に示された土砂災害危険箇所かその近傍で亡くなっていると報告している(Yahooニュース 2020年7月7日「洪水・土砂災害で犠牲者はどのように生じているのか」）。

元建設省土木研究所次長の石崎勝義は、これからは１００年どころか１０００年のスパンで防災を考えなければならないとした上で、耐越水堤防により、「奔流」ではなく、かつての氾濫のように、水位が上がるにつれて川の水がゆっくりと氾濫原に移行する「溢水」へ誘導する考え方を提案している（「耐越水堤防」がなぜ必要か（都市問題２０２０年2月号特集１　治水政策再考））。

行政は中長期的な立場で、水害リスクの高い地域の開発を規制し、災害リスクの低いエリアに住宅を誘導する等の対策をとるべきである。

土砂災害についても、現在の住宅の立地を前提として、たとえば崖崩れ災害の危険性の高い斜面の法枠工や擁壁工のみに頼るのではなく、そもそもこのような危険な立地を制限し、減らしていくよう誘導するという発想の転換が重要である。

改正都市再生特別措置法では、住民の生命に著しい危害が及ぶ恐れがあるレッドゾーンでの学校や店舗の開発が原則禁止された。しかし、国土交通省の調査では、２０１９年12月時点でコンパクトシティ整備のための立地適正化計画を公表している２７５都市において、「浸水想定区域」と居住誘導区域が重なる場所がある都市は２４２と全体の88％、「土砂災害警戒区域」と重なる都市は93で34％、「津波浸水想定区域」と重なる都市は74で27％であったという（２

020年7月15日付　日本経済新聞電子版）。2020年8月からは、水害リスクについて、不動産業者が契約前に説明することが義務化されたが、施策としては十分とはいえない。地球温暖化の影響を考慮すれば、1000年に一度の確率で発生する高潮や河川氾濫等の水害を想定し、その際に水没する可能性のある空間では居住を禁止するといった大胆な対策が必要ではないか。都市計画に垂直的な視点をより強く導入し、水辺の地域はグリーンベルトとして親水空間を整備するのである。

### （超過課税の仕組みを活用する）

このため誘導策の一つとして、超過課税の仕組みを活用することが考えられる。超過課税とは地方団体が標準税率を超える税率を条例で定めて課税することである。つまり、災害危険区域内の家屋に関しては、それが市街化区域内にあれば都市計画税、市街化調整区域内にあれば固定資産税について、超過税率を適用する。人口減少社会だからこそ、安全な住居への移転やコンパクトシティへと誘導するのである。たとえば、洪水被害の可能性の高い地域に住むのなら、堤防の建設・維持・更新の経費を多めに負担してもらおうというわけである。長期修繕計画と十分な修繕積立金を持たなかったり、管理が不十分だったりするマンションにも超過課税を行うべきである。

逆に、水害時に地域の一時避難所に使用できる部屋や災害用備蓄倉庫や非常用電源・蓄電池を設置したり、太陽光発電パネルを備えていたり、長期修繕計画と十分な修繕積立金を持つマンションは都市計画税あるいは固定資産税を減額することも検討する必要がある。

このほか、都市計画に雨水流出係数を位置づけて管理し、超過税率を課すことも考えられる。河川や下水道の整備に用いられる流出係数は、「流出雨水量の最大値を算定する際に用いる土地利用形態ごとの流出係数を定める告示」として、国土交通省が示している。雨水貯留浸透施設の能力も考慮するなど、係数自体はより精緻化する必要があるだろうが、流出係数が1・00ということは、降った雨が浸透せず、すべて河川や下水道に流出するということである。たとえば、道路や宅地は0・90であり、「人工的に造成され植生に覆われた法面」は0・40であるのに対し、「コンクリート等の不浸透性の材料により覆われた法面」は1・00といった具合である。たとえば、道路の場合、都市部では路面の占める面積は全体の2割以上にもなる。このため、透水性舗装や保水性舗装にすることによって、流出係数を低く抑えることは、その分、河川や下水道の整備を行うことに匹敵する。

**〈流域を単位とした防災まちづくり〉**

流域を単位とする考え方については、滋賀県立大学准教授の瀧健太郎が、流域において治水、利水、土地利用、建築規制等の総合化を図ることを提起している。瀧の提案を要約すると次のようなものである。土地利用については、10年確率降雨（時間雨量50㎜相当）で床上浸水（浸水深50㎝以上）が想定される範囲は原則として市街化区域に含めない。建築については、200年確率降雨（時間雨量131㎜相当）で家屋水没（浸水深3・0m以上）が想定される範囲では、地域の合意のもと建築基準法39条に基づく災害危険区域に指定し、「避難可能な床面が予想浸水面以上となる構造」かつ「予想流体力で流出しない強固な構造」を建築許可条件とする。また、区域内の既存建物を嵩上げ等する場合には助成するといったことである（『流域から考える治水のあり方―川づくりとまちづくりが一体となった治水』都市問題2020年2月号特集1「治水政策再考」）。

総計28万haを超える耕作放棄地や休耕田等を豪雨時には一時的遊水地として機能させることも考えられる。そのためには、国の管轄が異なっている農地管理と治水と利水に総合的に対処できる仕組みが求められる。このため、流域（圏）別に広域連合（地方自治法上の特別地方公共団体）を設け荒廃した森林や増加する空き地等も含めて、土地・土壌の劣化に対応したらどうか。

また、公園整備や市街地再開発事業の際にまちづくりとして高台を作った事例があるが、幅員の広い幹線道路についても、盛土で嵩上げし、洪水時には堤防としても機能させるほか、緊急的な一時避難場所とすることも考えられるのではないか。

防災集団移転促進事業も重要である。防災集団移転促進事業とは、災害危険区域等の住居を内陸部や高台の安全な場所に集団移転させる事業である。住民が移転した跡地は、観光客や住民の交流拠点となる施設や農園等に活用している例もあるが、3割ほどの未利用地の活用方法が課題となっている。活用策の一つとして風力や太陽光発電の拠点として再生可能エネルギー利用を促進することも考えられる。

## アウトリーチでベーシックサービス（BS）を充実させる

### （「縦割り」から「丸ごと」へ）

2020年に成立した「地域共生社会の実現のための社会福祉法の一部を改正する法律」に基づき、厚生労働省は、住民が抱える複合的な問題に一元的に対応するための「断らない相談」を目指す自治体の支援に乗り出している。

高齢、障害、子ども、生活困窮者といった特定のカテゴリーにあてはまる人のみを対象とした縦割りの相談支援体制を改める必要がある。つまり、あらゆる人々の生活全般に対する個別的で包括的な支援体制の整備である。子育て、不妊治療をめぐる悩み、闘病、介護と職業の両立、高齢期における孤独や孤立といった悩みは、誰もがどこかの時点で直面することであるから、こうした相談支援体制は、誰もが受益者になりうる。

また、「令和2年中における自殺の状況」（警察庁）によると、2020年の自殺者数（暫定値）は11年ぶりに増加し、2万1077人だった。自死遺族は亡くなる方の4倍から5倍いると推定されるので、8万〜10万人が毎年自死遺族になっており、一世代を30年とすれば日本全国にはおよそ200万〜300万人の自死遺族がいることになる。

特定非営利活動法人自殺対策支援センターライフリンク代表の清水康之によれば、一人ひとりの自殺の背景には、ほとんど常に複数（調査によれば平均すると4つの要因）の分野の問題が重なり合っているという。たとえば、「失業＋生活苦＋多重債務＋うつ病」とか、あるいは「生活苦＋家族の問題＋職場のいじめ＋うつ病」といった具合である。実は自殺で亡くなる人のうち、60パーセントは無職である。そこで清水は、ハローワークに保健師や法律の専門家、あるいは生活保護の相談を受ける福祉事務所の職員が常駐し、職業あっせんだけでなく、「多重債務の相談」や、「心の相談」、「経済苦の相談」等も同時にすることを提案している（『自殺社会」から「生き心地の良い社会」へ』清水康之　講談社　2010年）。

BIの持つブースト機能は、いわば「半福祉半就労」の仕組み（半X半就労、半就労半就労でもよい）づくりでもある。これを生かして、心身の不調や長期のブランク等による働きづらさを抱え、すぐに就労することが難しい人に対しては、一定の配慮と支援をする「中間的就労」という形態も拡充することが望ましい。

たとえば、障害者や生活困窮者等の社会的に弱い立場にいる人たちが、農園で畑仕事に従事したり、農産物の加工・販売をしたりして、自分の働く場所と居場所を手に入れられるようにしようとする「農福連携」や、薪ストーブ人気を捉え、里山保全団体の協力を得て間伐材を薪として販売するといった「林福連携」のような取組みも普及しつつある。

**(アウトリーチの必要性)**

最近では、親の介護などを理由に離職し、長期間働かず求職活動を諦めてしまい、労働市場から消えて統計に表れない「ミッシングワーカー」が、100万人前後の規模で存在するといわれている（『ミッシングワーカーの衝撃　働くことを諦めた100万人の中高年』（NHK出版新書）NHKスペシャル取材班　NHK出版　2020年）。

また、40代、50代の未婚者のうち、年収100万円以下の人は、およそ3割弱だが、経済的に自立できなくても、親と同居していれば、親の年金と合わせて何とか暮らしていくことができる人も多い。このため、リスクは家族という箱で覆い隠され、親が亡くなった後に問題が顕在化したときには、対応が難しくなっていることも多いという。

担当者による相談支援の力量の向上が重要なのはもちろんである。これと並んで、種々の困難を抱えながらどこにもつながることのできない市民に対し、ただ相談に来るのを待つのではなく、自ら積極的にアウトリーチすることも必要である。

地域の高齢者や児童への見守り機能を担う民生委員は、高齢化でなり手が減って欠員が全国に広がっており、54%にあたる９４０市区町村で定数を満たしていないと日本経済新聞が伝えている（２０２０年11月1日付）。２０００年ごろまでは１%未満で推移していた全国平均の欠員率は４・９%に達し、一人で数千世帯を担当する民生委員もいるという。

自殺問題や、「ひきこもり」等を背景として、80代の親が50代の子どもの生活を支えるという８０５０問題、育児と介護の同時進行である「ダブルケア」等の問題は、介護や生活困窮、障害、子育て等複数の分野に関係するため、支援が必要な人をワンストップで受け止める必要がある。このため、「地域包括支援センター」の機能を拡充するとともに、アウトリーチを担う民生委員・児童委員の制度を発展させるべきである。

また、3歳~5歳児の幼稚園や保育園への就園率は9割を超えているが、だからこそ、通わせていない家庭には、それなりの理由があるはずである。多くは貧困、若年、シングルマザー、配偶者からのＤＶ、虐待、親の知的・精神障害、育児支援者の不在等の不利を多重に抱え、社会的に孤立した家庭だと考えられる無園児（保育所へも幼稚園にも行っていない就学前児童）

のいる家庭への支援においても、アウトリーチは不可欠である。

アウトリーチの例としては、東京都杉並区が2019年度から開始した無園児家庭へ支援者が直接出向いて家庭を訪問し、個々の状況に応じた子育て支援サービスの情報提供や相談をきめ細やかに行う、「子育て寄りそい訪問事業」がある。このほか、江東区が専門職員を配置して進める、子育てに不安がある家庭への訪問相談事業や、高齢者のフレイル（虚弱）や糖尿病の重症化を防ぐため、管理栄養士や保健師等が高齢者宅を訪問する練馬区の事業がある。また、名古屋市では、ケアマネージャーや社会福祉士の資格を持つ福祉コンシェルジュを配置し、来庁者に積極的に声掛けをし、申請書の記載方法のアドバイスをするほか、最適な担当窓口を案内している。これは、最後まで伴走するのであれば、「役所内アウトリーチ」と呼んでもよい試みである。

## （総合的に対応できるソーシャルワーカー）

福祉事務所で働くケースワーカー、児童相談所で働く児童福祉司、学校で働くスクールソーシャルワーカー等、生活に問題を抱える人やその家族に対して、適切な助言・支援を行うソーシャルワーカーの数を抜本的に増やすことは重要である。その上で、相談支援の総合化も必要になるだろう。本人や家族、特に生活に余裕がない世帯では、公的な制度のもと、本人の気持ちを理解できるサポーターとして家庭訪問や伴走ができる体制づくりが重要である。

介護支援専門員（ケアマネージャー）は、介護を必要とする人が介護保険サービスを受けられるように信任関係に基づき、介護保険のメニューを組み合わせ、ケアプランを作成したり、サービス事業者との調整を行う役割を持っている。しかし、社会に用意されているその他の金銭給付と現物給付も最大限活用して、十分な社会保障を実現できるマネージャー的な人材が求められているのは、介護分野だけではない。

また、たとえば、自殺未遂者のケアは、前述したように医療、就労、経済、居場所づくり等の連携が必要である。債務を抱え、住宅に困り、虐待のリスクが高い、メンタルな問題を抱えている等々の複合的な問題を抱える人に対して伴走型支援ができる枠組みがあることが望ましい。行政は公平性を重視し、父性的な対応になりがちである。何か困難にぶつかったときに立ち寄ることができるよりどころ、本稿で後述する「安全基地」のような存在があることが重要である。父性的で事務的な行政を裏から支える母性的な対応が用意されていることが、社会的包摂を可能にする。

さらに、高齢人口の増加に伴う認知症の増加は大きな課題である。認知症の本質は「暮らしの障害」「生活障害」である。厚生労働省の２０１５年１月の発表によると、日本の認知症患者数は２０１２年時点で約４６２万人、65歳以上の高齢者の約７人に１人と推計されている。

加えて、軽度認知障害（ＭＣＩ：健常でも認知症でもない中間の状態で、日常生活に支障が出るほどではないが、認知機能が低下した状態）にある人は４００万人と推計され、高齢者の約４人に１人が認知症あるいはその予備群ということになる。一般的に認知症の人を排除する傾向にある地域住民が、認知症の人の一人暮らしに理解を示し、ときには支援してくれるようにするためには、認知症の人と支援者が地域住民の自宅等に足を運び、認知症の人の暮らしの現状に対して理解を求める働きかけを粘り強く行う必要がある。

**（ＢＩが給付される社会でのベーシックサービスの意味）**

実際に良質なサービスが供給されていなければ、ＢＩの給付があったとしても、それだけで福祉的ニーズは充足されない。このため、質的に保障された現物（サービス）給付も提供されなければならない。個別の事情を踏まえた現物給付が、中央政府には不可能であるとすれば、それは身近な地方自治体の重要な仕事である。このことを忘れないことは、ＢＩの議論をする上で決定的に重要なことである。

たとえば、保育を例に考えてみよう。

人間のさまざまな能力や行動的な特性、またそれと関連の強い神経回路の形成や発達は、それぞれに最も獲得されやすい敏感な時期があり、それは乳幼児期に集中している。また、乳幼児期は、柔軟で可塑性の高い時期であるが、逆にいえば、環境によって悪影響を受けやすい脆い時期でもある。したがって、保育の質による発達の差が大きくなってしまうのである。

このため、病児・病後児保育や障害児保育も含め、必要な施設環境や保育士の技量を充実させ、子どもが自らの興味・関心を広げ、主体的な遊びや仲間とのかかわりを豊かにできるような保育を行えるようにすることが必要である。

保育所の潜在的な待機児童は85万人にも及ぶといわれている。この解消のためには、保育士の増員が欠かせない。保育士の資格を持ちながら実際には保育士として働いていない「潜在保育士」は60万人以上に達する。「東京都保育士実態調査報告書」（2014年3月）によれば、正職員保育士の勤務実態は、週当たり日数が「6日以上」が31・2％、1日当たり勤務時間が「9時間以上」が47・6％、その年収は、「200万~300万円未満」の階層が最も多く、退職意向の理由は、一位「給料が安い」、二位「仕事量が多い」となっている。しかしながら、「どのような条件でも保育士として働くつもりはない」という答えはわずか3・8％であり、多くの保育士が希望する条件がかなえば現場に戻って来る可能性がある。

そのためには、人手不足の保育士や介護福祉士等の給与を改善し、責任の重さや事故への不安等を超えて働くための自信と技能を身に付けられる適切な研修やキャリアパスを構築する必要がある。保育や介護の質を高めるためにも、保育士や介護福祉士の職業は、子育てをしながら長く働くことのできる専門職とするべきである。

一方、親の立場から考えると、通勤時間のかからない場所に住み、駅に近い便利な保育所に子どもを預けようとするため、ニーズは特定の場所に集中するという問題がある。また、保育所設置に反対する住民もいる。親や地元の理解を得るためには、たとえば、保育所と高齢者福祉施設や交番をセットにすることが考えられる。また、朝夕は保育所から最寄り駅までバスで送迎を行い、日中は、園庭のない保育所の園児を公園に連れて行ったり、地元の高齢者等も利用可能としたりするような対応もできるのではないか。

育児・保育に限らず、教育や医療、養老・介護といった誰もが必要とする現物給付の役割が重要になる。大事なことは、分断や格差が小さく、新たな財源がＢＩやＢＳといった形で自分たちに還ってくると思える社会を築くことである。しかし、教育や医療、育児・保育、養老・介護といったＢＳは、一人に焦点を当ててみた場合、享受する年代が異なる。このため、自分の一生を想像して、すべてのサービスが自分にとっても必要なものだと理解することなしには、世代間の対立を克服するのは容易ではない。

現代は、核家族化や単身者の増加により、身近な身内にこれらのサービスの受益者がいないことが多い。たとえば、子ども時代に祖父母の介護を経験することが減っている。このため、「誰もが受益者になると実感できない」社会になっている。つまり、若年者は、現在の年金給付水準が下がるということが、将来、自分たちが高齢者になったときの給付水準が下がるという意味であることを理解しようとしない。その結果、たとえば、年金と保育のどちらを手厚くするかという二者択一の議論になってしまう。高齢者は、自分たちが歩んできた道よりも若い世代は楽をしていると感じるだろう。反対に若年層から見れば、格差社会や地球温暖化・気候変動等は過去の世代がつくってきた結果、自分たちが困難に直面させられているということになってしまう。

したがって、BIによる所得階層間の同盟だけではなく、世代間、異性間の共感や連帯も重要である。たとえば、高齢者が子守り等の子どもの世話を手伝うとか、子どもを含む若い人たちが地域のお年寄りの見守りをするとか、あるいはみんなで障害者を助けるというような日常的なつながりが重要なのである。税金が自分の利用するサービスの形で帰ってきている実感を持てることが必要である。

そのためには、まずは、可能な給付水準からでよいからBIを導入することである。そして、少子化の急激な進行にブレーキをかけ、世代間のバランスを早急に回復する必要がある。BIは、対症療法的な短期的視野での集中投資ではなく、中長期的な視点からの人間への公共投資である。少子化対策の目途が立ったとき、BSの無償化に進むのか、BIの給付水準を引き上げるのかを選択すればよい。

私たちにも今すぐできることがある

◆政治より先回りしてBIについて勉強しておこう
◆どんな福祉サービスがあるか調べておこう
◆エシカル消費（倫理的消費）をしてみよう
◆ボランティア活動をしてみよう
◆家事を分担しよう
◆ふるさと納税をするなら、返礼品の損得ではなく、施策・政策で選ぼう
◆クラウドファンディングをやってみよう
◆土砂災害特別警戒区域、浸水想定区域、津波浸水想定区域等には住まないようにしよう

## 2　家族の安全保障

### 生物学的に見ると人間の家族の特長は子育てにあった

芥川賞作家の村田沙耶香の『消滅世界』という小説がある。その中では、子どもたちが家族というシステムではなく、心理学・社会学の観点から徹底的に研究されて完成した「楽園（エデン）システム」という新しいシステムの中で育てられている。描かれているのは、全員がすべての「ヒト」の子どもであり、「おかあさん」であって、人々が相互に取り替え可能な存在となっている社会である。そこでは、人々は清潔な家で、一人で暮らしており、子どもを育てるための「餌」と「巣」はすべてセンターが提供している。これは小説の中での設定であるが、このような世界があながち空想上の存在でしかあり得ないと断言できないような時代となってきている。

京都大学医学部付属病院准教授の近藤祥司によると、完全な母系社会であるチンパンジーは、メスが発情しない期間が長く、子どもを産む平均の間隔は約5年半である。幼児の哺乳は4年半から6年間にわたり、その間オスは育児の世話を手伝わないし、食物提供もしないという

（『老化という生存戦略　進化におけるトレードオフ』　近藤祥司　日本評論社　２０１０年）。

静岡大学農学部教授の稲垣栄洋は、生物学的には、人間はもともと一夫多妻の性質を持ち合わせておらず、「乱婚制」でもない、一夫一妻として進化したと指摘している。オスとメスの比率はおよそ1対1だから、一夫多妻で、1頭のオスが多くのメスを独占するほど、パートナーを得られないあぶれたオスが生じる。一夫一妻なら、誰もが夫婦になり子孫を残せるチャンスがある。その大きな利点は、父親が子育てに協力できるようになったことである。

一夫一妻では、群れの中で女性をめぐって争うことは少なくなるため、男性同士が力を合わせることができる。人間が群れの中で一夫一妻制を維持できたのは、高度なコミュニケーション能力によって、集団の中で「家族」という小さな単位を確立させたからである。一夫一妻制を基礎とした家族の存在が、子育てによって知能を発達させるという戦略を可能にしたのである（『オスとメスはどちらが得か？』　稲垣栄洋　祥伝社　２０１６年）。

このため、家族というものは、人間が人間である限り、今まで通りに必要なものとして継続していくはずである。そのためには、夫婦間の信頼感や親密性はそれぞれの精神的安定に欠かせないものである。そして、その機能を果たすために大前提となるのが、消費行動の単位でもある家族としての経済的安定である。私たちが今、考えなければならないのは、生活の根拠地となる家族・家庭を支援することである。

## 虐待は脳を傷つけ一生を左右して子へと連鎖する

警察庁によれば、2019年の児童虐待通告子ども数は約9万7000人、配偶者間のDV相談件数は8万2000件である。出生数は近年100万人を切るようになっており、2019年の出生数は86・5万人である。つまり数字の上では約1割もの子どもが児童虐待にさらされていることになる。東京都目黒区と千葉県野田市で起きた虐待死事件ではいずれも母親が父親からDVを受けていたことがわかっており、児童虐待とDVの関連性が注目されている。しかし適用される法律や窓口が異なることから一体的な支援が難しい。

また、「令和2年版犯罪白書（薬物犯罪）」によれば、覚醒剤の使用歴がある受刑者を対象にした実態調査で、女性の72・6％が「交際相手や配偶者らからDV被害を受けたことがある」と回答したという。

一般に子どもに対する虐待は、主に次の4つに分類される。

・身体的虐待＝保護者が子どもに対して肉体的な暴力行為を行う。
・性的虐待＝保護者が子どもに対して性的な行為を強要する。
・心理的虐待＝言葉で罵ったり、家庭内暴力を見せたりする。

・育児放棄（ネグレクト）＝保護者が子どもの面倒を見ずに放置する。

この分類ごとの内訳は、言葉による脅しや無視、目の前で家族に暴力を振るう等の「心理的虐待」が7万4441人で約7割を占め、「身体的虐待」が1万8219人、「育児放棄（ネグレクト）」が8920人、「性的虐待」が262人となった。ただし、児童への性的虐待は、主に家庭内で行われるために表沙汰になりにくいだけでなく、性的虐待を受けている子どもが被害を自覚するのは、大人になってからの場合もあるため、性的虐待の相談件数は、虐待の実数と比べると著しく少ないと推測されている。

医療等をテーマに取材、執筆活動を行っているノンフィクション作家の石井光太は、いずれも犯人を育てた親が大きな問題を抱え、子どもたちを虐待、もしくはそれに近い環境に置いていた厚木市幼児餓死白骨化事件、下田市嬰児連続殺害事件、足立区ウサギ用ケージ監禁虐待死事件について、虐待する親たちを3代までさかのぼり、その生育歴まで取材している。そして、

「犯人たちは生まれつきのモンスターだったわけではなく、彼らの親こそがモンスターだったのだ。」

「そういう意味では、犯人たちは幼少期からモンスターである親の言動に翻弄され、悩み苦

しみ、人格から常識までをねじ曲げられたまま成人したと言えるだろう。愛情が何なのか、家族が何なのか、命の重みが何なのかを考える機会さえ与えられてこなかった。だからこそ、彼らが親となった時、「愛している」と言いながら、わが子を虐待し、命を奪ってしまうことになる。」

（『「鬼畜」の家　わが子を殺す親たち』（新潮文庫）　石井光太　新潮社　2016年）

という事実にたどり着いている。

虐待の負の連鎖は、近年の脳科学の所見からも明らかである。虐待を受けた子どもは、脳の成長に異常をきたして発達障害に類似した症状が出たり、精神疾患を抱えたりすることがある。虐待の被害者が、対人関係の障害を示すことは珍しくない。そして生きづらさから、不登校、自殺、非行、売春、若年結婚、薬物依存といった問題を抱えて、さらに困難な状況に陥り、親になってからわが子を虐待してしまうこともある。このため、根本のところで負の連鎖を断ち切るためには、親が育児をする前から家庭の支援を始めなければならない。妊娠期・周産期からの支援が必要なのである。しかし、複雑な事情を抱える人にとって、行政の窓口に行ってすべてを打ち明け、助けを求めるのは容易なことではないだけでなく、行政のマンパワーも不足している（前掲書）。

ひどい体罰を受けた子どもの親の多くが、それを「しつけ」だと信じているという現実もある。しつけ等の社会的な練習は、父性的な働きで子どもの欲求を抑えつけるものにほかならない。したがって、社会的な規範が抑圧ではなく倫理や道徳へと変化するには、子どもに対する愛着者の母性的な優しいまなざしが伴っていることが必要なのである。大切なのは、子どもへの行為が「虐待か否か」ではなく、その行為自体によって子どもが「傷ついているか否か」である。

さらに重要なことは、虐待が脳を傷つけてしまうことである。

被虐待児は、虐待のない家庭で育った子どもと比べて、脳の中の前頭前野や海馬や扁桃体が萎縮して、脳の大きさそのものに違いが出てしまう。扁桃体は喜び、痛み、恐怖心、記憶といった「感情」をつかさどる機能があり、海馬は目や耳鼻からの短期的記憶や情報をコントロールする機能がある。このため、これらの脳の萎縮により、「他人の気持ちを理解しない」「落ち着きがなく多動的な行動が目立つ」、「粗暴なふるまいをする」、「身勝手な主張ばかりする」、あるいは感情が乏しく、制御の利きにくい人間になってしまう。このような行動をとるのは、生まれつきの性格というより、脳が未発達なことによるのだ。さらに、自分勝手な行動が目立てば、同級生からいじめられたり、先生から注意されたりすることが増えたり、粗暴なふるまいが非行へと発展していくこともある。それればかりか、人間関係の悩みから、うつ病や摂食障害といった精神疾患を発症させてしまう人もいる。虐待は、一時的な身体的被害にとどまらない。幼少期の数年の虐待が、その後の数十年の人生を左右することがあるのである（『育てられない母親たち』（祥伝社新書）　石井光太　祥伝社　２０２０年）。

けれども、大人の脳とは異なって、成長過程にある子どもの脳はとても柔軟で回復力があるので、親が子どもにたっぷり愛情を与えて関係を修復していけば、変形した脳も回復する可能性が十分にある（『実は危ない！ その育児が子どもの脳を変形させる　ほめ育てで脳は伸びる』友田明美　ＰＨＰ研究所　２０１９年）。

## ヒトは子育てを共同で行う

京都大学教授で比較認知発達科学を専門とする明和政子によれば、今の日本社会は、８割以上が核家族であり、多くの場合、育児を担っている母親に対して、子育てに関する知識を気軽に教えてくれたり、心身を支えてくれたりする人がいつもそばにいることは多くはない。

夫や親族の協力を得られず、周囲に頼る人がいない中で、母親等が孤立した状態で子どもを育てる「孤育て」「ワンオペ育児」が問題となっている。そのため、母親たちは、インターネット上に氾濫する科学的根拠のない子育て情報に翻弄されて、不安になり、過剰なストレス状態に陥りがちとなる。生後1年未満の乳児を子育て中の母親の8割以上がうつの一歩手前にあるという（『ヒトの発達の謎を解く―胎児期から人類の未来まで』（ちくま新書）　明和政子　筑摩書房　2019年）。そもそもヒトの子育ては、親だけでなく、集団的に行われてきたのだ。人間は脳を異常に発達させたおかげで、父親の助けだけでは足りなくなった。このため、母親は子どもの世話を助けてくれる人たちを自分の親族や他の親しい人の中から探し出し、頼るようになったことが前提にある。

共同で子育てをするヒトは、父親はもちろん、祖父母やその他の親族が子育てに協力することもよくあるし、血縁関係にない個体が子育てに協力することも珍しくない。つまり、保育園のような活動は人類が大昔からやってきた当たり前のことなのである。

保育所は単なる「託児施設」ではないし、子どもに「育ち合う仲間」と「成長の場」を提供してくれる教育的な機能を備えた拠点であるだけではない。母親にとっても育児のストレスを減らし、子どもへのかかわり方がうまくなるといったよい影響がある。周囲に支えてくれる親族や友人も少なく、孤立した子育てをしている親にとっては、保育所や幼稚園は共感しあえる仲間を見つけられる特別な場所になり得る。

反対に、子ども側の立場から見ると、貧困や虐待等、つらい状況に置かれた乳幼児にとって、保育所や幼稚園は仲間や保育士たちと出会い、安心して遊ぶことができる場所なのである。また、質の高い保育は、子どもに言語発達を促し、社会性を高める効果がある。

母親が、レスパイト（息抜き）や育児相談のために「一時預かり事業」を利用することは、虐待防止や、子どもの「今」の幸せにつながる。福岡市や明石市で、子どもを家庭でショートステイさせる「短期の里親」という仕組みを取り入れている例もある。専業主婦の子どもにも、短時間であっても保育を受けることは大きな意義がある。さらに、保育と教育は、親の就労のためではなく、子どもの健全な発達のためと位置づければ、生後1年間は両親が育児休業して愛着形成に集中してもらい、1歳児以降の就学前児童の保育、教育を義務化することも考えられる。

## 母性と父性は与える順序とバランスが大事

母性と聞いて思い出すのは、聖母マリアであろうか。他方、日本ではかつてはカミナリオヤジが父性を体現していた。家庭から外に出た後の地域コミュニティにおけるしつけを行うのが父性である。また、3世代以上が同居することが普通だった家族においては、「やさしいおじいちゃん・おばあちゃん」である祖父母が母性的な役割を果たしてこそ、父母がしつけ等の父性的な役割を果たすことができた。

女性には母性が、男性には父性がいずれも生まれつき最初から備わっているというものではなく、かといってまったく存在しないものでもない。男性とか女性とかに関係なく、私たち人間一人ひとりの中には、程度の違いはあるものの母性的なものも父性的なものも存在している。子どもを産まないＬＧＢＴＱＩＡは生産的でないという暴論が話題になったが、彼・彼女たちは子どもを育てるという面でも社会に貢献できるのである。

ここでは、児童精神科医の佐々木正美の考える母性論・父性論を要約して紹介したい。

佐々木によると、子どもは「依存」と「反抗」、「甘え」と「わがまま」を繰り返しながら、社会的な自立をしていく。この家庭的な体験を、幼少期から成長・発達にしたがって充実させてやることが、家庭外の社会的な人格を健全に育てる上で大切なことである。母子家庭だから、父子家庭だからといって、子どもがよく育たないということではない。むしろ、子どもが健全に育っていくためには、母性と父性を順序よくバランスを間違えずに与えることが重要である。

母性とは、子どもをありのままに認めてあげる力であり、許容し、承認する力である。そして、その本質は無条件にわが子を愛することである。それに対して父性とは、規律や規則、約束や責任を子どもに教える力であり、社会性を身に付けさせることに基づく理性的な愛情が父性的な愛情である。

まず母性が十分与えられてからでないと、父性的なものは子どもに伝わっていかない。母性を十分に与えられていない子どもは、いくら父性的な社会的規範を教えられても、それを受け入れようとせず、反社会的な行為ばかりを繰り返しがちになる。それは、自分が他者にきちんと受け入れられていないため、自身の存在に自信を持てず、他者を受け入れることができなくなっているからである。

日本では、ひとり親家庭に限らず、母性より父性的な要素が強い母親や家庭が年々増えているようである。幼い頃から社会のルールを守ることや、勉強を頑張らなければならないといった、父性ばかりを与えられると、自分や人や社会をあるがままに受け入れることができなくなる（『ひとり親でも子どもは健全に育ちます　シングルのための幸せ子育てアドバイス』佐々木正美　小学館　2012年）。このように、母性を先に与えるという考え方は、いってみれば「心のハウジングファースト」だといえよう。

## 子育ては妊娠期に始まっている

子どもを愛し、世話をする能力のある人間の養育脳は、子どもと触れ合うことによって喚起され、育っていく。子育てとは「親育て」でもある。今では、両親だけで子育てをする家庭が8割以上を占める。しかし、人間は長い歴史の中で、小さいときから自分より小さい子どもと触れ合い、養育脳を育んだ後に自分の子どもを産んだ。そして産んでからは、周りの人間のサポートを得ながら育児をしたのである。

さて、妊娠期の話の前に、不妊症・不育症については、不妊治療に保険が適用されることとなったが、費用を気にせず、治療を受けられるようにすることが大切である。国立社会保障・人口問題研究所が実施した「第15回出生動向調査」（２０１５年）によれば、妻の年齢が50歳未満で、結婚後15～19年の夫婦のうち、過去に不妊の心配をしたことがある割合は29・３％で、そのうち約半分が夫婦で治療を受けている。晩婚化が進んでいるのに対して、出産に適した年齢は昔と変わっていない。公益社団法人日本産科婦人科学会ホームページによれば、男女とも、加齢により妊娠する・させる力（妊孕性）が低下することがわかっているという。

妊娠期については、胎教の重要性が強調されることも多いが、母親のお腹にいる妊娠期に子育ては始まっている。赤ちゃんはすでにおなかの中で母語のリズムとイントネーションを学習しはじめている。

母親のお腹に入っている頃（胎生期）、あるいは、お腹から出てくる際（周産期）のトラブルが、子どもの成長発達に重大な支障を引き起こすことがあり、非行や反社会的な行動についても、この時期のトラブルが影響を与えている可能性がある。

明和政子は、胎児の頃に低栄養な環境にさらされた経験を持つと、成人になったときに生活習慣病（糖尿病、高血圧、心筋梗塞等の冠動脈疾患等）や、統合失調症等の精神疾患を発症するリスクが高くなり、特に、妊娠早期の時期に低栄養状態を経験した場合、妊娠中期から後期にかけて身体の大きさが正常範囲に追いついたとしても、その影響は後の健康状態に現れやすくなるとしている（前掲書）。

また、母親の胎内にいる妊娠6週から24週あたりの適切な時期に、アンドロゲンシャワーと呼ばれる男性ホルモンが分泌されると、胎児は男性になる。しかし、化学物質の内分泌かく乱作用や、母親が受けた強いストレス等により、ホルモンシャワーの量が減ると、性自認と身体的性が一致しなくなるという（国立研究開発法人国立環境研究所　環境リスク・健康研究センター「アーカイブ集（Ｍｅｉのひろば：フロンティア）05　脳の性分化に及ぼす発達期のトルエン曝露の影響」　塚原伸治）。

厚生労働省によると、２０１６年度中に心中以外で虐待死した子どもの年齢は、０歳児が32人（65・３％）を占め、うち月齢０カ月の子どもが16人（０歳死亡児の50・０％）となっている。これは妊娠中や出産間もない時期に孤立した保護者の不安定さが反映されている可能性がある。この意味で、マタハラや「妊娠解雇」を放置することは、国の基盤そのものを危うくする。

さらに、総出生数が減少している日本は早産児の出生割合が増加の一途をたどる数少ない先進国の一つであり、NICU（新生児集中治療室）で育ち始める子どもたちの発達支援体制の構築、環境整備は、我が国が喫緊に取り組むべき課題の一つである。医療技術の発達により、1500グラム未満で生まれた「極低出生体重児」や1000グラム未満の「超低出生体重児」も成長できるようになっている。しかし、このような赤ちゃんは臓器が未発達で、さまざまな病気になるリスクがある。特に「壊死性腸炎」にかかると、死亡率は20％～40％になる（独協医科大学埼玉医療センター小児外科「壊死性腸炎」）というが、母乳は粉ミルクに比べ、壊死性腸炎にかかるリスクを低減できるという（一般社団法人日本小児外科学会「壊死性腸炎」）。

母乳には、免疫機構を強くする成分、抗体が豊富に含まれている。このため、世界保健機関（WHO）では、生後6カ月までは完全母乳で乳児を育て、離乳食を始めてからも2歳までは授乳することを推奨し、この観点から、WHOは液体ミルクに関して、「母乳代用品のマーケティングに関する国際規準」（WHOコード）を定めている。このほか母乳のメリットとして、食物アレルギーを防ぐ、肥満リスクが低下する、知能指数（IQ）や神経の発達を高めるといった効果もある。そのほか、病気にかかりにくくなり、下痢、消化器系感染症、気管支炎、肺炎、尿路感染症等の予防効果もある。さらに子どもだけでなく、母子の愛着形成にもよい上に、母親にとっても閉経前の乳がん、卵巣がん、子宮体がんになる率を大きく低下させるといったこともあげられている。母乳が出ない母親の代わりに、別の母親の母乳を赤ちゃんに提供する「母乳バンク」も希望に応じて利用できるよう整備が必要である。

## 愛着が形成されてこそ人を信じることができるようになる

ここ数十年の間に発達障害の増加と並んで、愛着障害の増加が問題とされるようになってきている。幼い子が家庭、もしくは家庭的な場で安定して育まれ、養育者との愛着や信頼を形成することが人格の土台を形成するという認識は、近年の脳科学の発展で科学的にも裏づけられるようになっている。発達障害は個性であるが、愛着障害は改善されるべき障害である。

一般的には、生まれて最初の12カ月のうちに温かく気配りの行き届いた子育てを経験した子どもは、多くが親と安定した愛着（アタッチメント）と呼ばれる強い結び付きを形成するといわれている。これが子どもの心に安心感と自信を深く根づかせ、成長したときに自力で思いきって世の中へと踏み出していけるようになる。そうした自信と自立は、現実の世界で役に立つのだ。それは単なるゼロ歳児だけの問題ではなく、保育園・幼稚園や学校、地域社会で、周囲の大人たちがどのように子どもと接するかによっても大きな影響を受ける。結婚率や出生率の低下、人口減少、子どもから老人にまで広がる虐待、頻発する子どもの問題、生きることへの虚無感、精神疾患、境界性パーソナリティ障害やうつ、依存症、摂食障害等さまざまな問題は、愛着の崩壊によって引き起こされている可能性がある。

愛着理論の生みの親は、イギリスの精神科医ジョン・ボウルビィである。愛着とは、乳幼児時代に親（特に母親）等の養育者がもたらすスキンシップや応答性を通じて形成される信頼関係の絆である。愛着は、ある特定の存在（愛着対象）に対する特別な結びつきであるため、愛着対象は、その子にとってかけがえのない存在である。重大な愛着障害は、脳の器質的発達そのものに影響を与えるだけでなく、愛着の部分的な不全がある場合には、対人的社会的能力に欠落した部分を抱えることとなる。

児童虐待は愛着の形成に問題を起こすが、愛着障害と診断されるほどの症状まで至らなくても、その後の人間関係に影を落とす。虐待や不十分な愛着形成は、ストーカー行為、モンスター・ペアレント、クレーマー等、各種のハラスメントの発生にも影響している。しかし、愛着障害については対処が早ければ早いほど改善が期待できる。

愛情ホルモンと呼ばれるオキシトシンは、ストレスを緩和し、幸せな気分をもたらす働きがあり、夫婦であればハグやキス、子どもや赤ちゃんであれば抱っこや授乳等、スキンシップをとったときにスイッチが押される。オキシトシンは母親だけが出すものではなく、母親になっていない女性も、さらには男性も分泌していることがわかっている（『奇跡のホルモン・スイッ

チ 潜在能力を引き出す』(幻冬舎新書) 加藤雅俊 幻冬舎 2019年)。覚醒剤依存や、それ以外の麻薬性薬物依存の治療に効果があることが知られているオキシトシンを治療薬として用いて、ASD(自閉スペクトラム症、アスペルガー症候群)の社会性、対人関係の障害を治療する試みが開始されている。

愛着とは不思議なもので、愛情や世話を注ぐことで、世話を受けた人が、世話をしてくれた人に対して愛着を持つようになるのはもちろん、世話をしたほうも、相手の存在を大切に思うようになる。触れ合いの経験を積み重ねていくことで、子どもの脳と心はもちろん、養育者の側の脳と心にも変化が生じる。つまり、愛着は相互的な現象なのである(『過敏で傷つきやすい人たち』(幻冬舎新書) 岡田尊司 幻冬舎 2017年)。

明和政子によると、養育経験によって生じる脳活動の変化は、女性、男性を問わず起こる。子育てに必要となる脳と心は生まれながらに埋め込まれているものではない。他個体の身体と接触する経験、いわゆる触れ合いは、この時期の発達にきわめて重要な役割を果たすだけでなく、その後の脳と心の発達にも影響する(前掲書)。

佐々木正美は次のように指摘している。すなわち、子どもにとって親は初めての社会への窓口である。子どもは生まれて初めて触れ合う他者となる親と信頼関係が築けないと、周囲の人たちを信じることができない。このため困難を乗り越えて生き抜くことができずに、非行や犯罪といった反社会的行為や、ひきこもりやニートになる等の非社会的な行為をしてしまう。親に見守られることで、子どもに培われるものとは、「人を信じる力」である。人を信じられることと自分を信じられることは表裏一体の関係である。幼少期における基本的信頼感の獲得は、人生を幸福に生きていくための基盤である。それは人間関係を築き、社会の中で健康に生きていくための力となる（前掲書）。

明和政子によれば、幼少期に養育者（実父母でなくともよい）との間で愛着形成がうまくいかないと、心身の発達に遅れや問題が生じたり、病気に対する抵抗力や免疫の働きが低下したりする。特に幼少期に親との愛着が剥奪されたケースでは、思春期以降にうつ病や多動性障害、解離性障害等が現れやすくなることも知られているという（前掲書）。

愛着が安定した子どもは、社会性や活動性が高い。性格は生まれつきのものではなく、実は養育者（親）の関わり方によって左右される。注意を払った養育を行うことによって、子どもに、適応能力の高い、安定した性格を授けることも可能なのである（『回避性愛着障害　絆が稀薄な人たち』（光文社新書）　岡田尊司　光文社　２０１３年）。ヒトは共同養育により進化してきたため、複数の人と愛着を形成し、その多様な経験を統合していくことこそが、より安定した心理、社会的適応を可能にする。

佐々木正美によれば、子育てにおいては、まずは子どもを見守って、たっぷり甘えさせ、それを親の喜びにすべきである。親子で喜びを分かち合う経験を重ねていくことで、初めて他者と悲しみを分かち合う感情が育ち、人と共感しあえる感情もそこから育っていく（前掲書）。

子どもにたっぷり甘えさせるためには、親の精神的、時間的な余裕が必要である。たとえば、保育所に比べて学童保育の預かり時間が短いといった「小1の壁」が指摘されているが、企業においても、小学生以下に関しては「子育て支援時間」を認めることや、男性社員に原則として1年間の育児休暇を与えるよう法定化する等の思いきった施策である。

基本的信頼感と社会性を育み、自立する準備を後押しするために、私たちがすぐにも取りかかれるのは、家族で楽しく食卓を囲むことである。贅沢な食事をする必要はなく、子どもに食べたいものを聞いて、子どもの好きな料理をつくり、それを食べさせてやり、一緒に楽しく食卓を囲むだけでいいと佐々木はいう（前掲書）。一緒に調理や食後の皿洗いができればさらによい。食事をともにすることは、人と気持ちがいちばん通じ合える場となる。食事の消滅と家族の崩壊は相関している。家族が食卓についても、各自が別々の食物を、テレビを見ながら食べるようになると、会話はなくなり、静けさが場を支配するだけでなく、社会に甚大な影響を及ぼす。育児を充実するため家事に男性が貢献するように誘導するには、男の料理教室等により家事に関するリテラシーの向上を図ることも重要だ。

## 安全基地を持つことで未知の社会へ踏み出すことができる

愛着は対人関係の土台となるだけでなく、子どもが積極的に活動する上での後ろ盾として機能し、安心感の土台となって、その人を守っている。アメリカの発達心理学者メアリー・エインスワースは、愛着のこうした働きを、「安全基地（safe base）」と表現した。愛着は、元来、哺乳類が捕食動物等の危険から子どもを守るために進化した面を持つとされ、「安全基地」とは、文字通り、子どもを危険から守るためのものであった。

養育する人が子どもにたっぷりの愛情を注いで、安全基地になってやることは重要である。安全基地は、困ったときや弱ったときに、自分が助けを求め、心を慰めてもらえる存在である。幼い子どものときの安全基地は親であるが、成長するにつれ、親以外の存在にも、安全基地を見出すようになる（『ストレスと適応障害　つらい時期を乗り越える技術』（幻冬舎新書）岡田尊司　幻冬舎　２０１３年）。

そういった意味で、家庭というのは、子どもにとっては生きていく上で、その最も根幹となる場所である。家庭が心のよりどころとなってこそ、子どもは自分に自信を持ち、安心して社会生活を営めるようになる。現在、ひきこもりや不登校が多く、それにはさまざまな要因があるが、大きな原因に、家庭の居心地の問題があるのではないかと佐々木は指摘する（前掲書）。

幼い個体は恐怖や不安を経験したとき、身体の内部状態をできるだけ安定維持させるために養育者の身体を借りてその調整を図る。つまり、扁桃体の活動を抑える前頭前野がいまだ未熟な時期には、養育者が子どもの前頭前野の代わりを果たしているということである。しかしながら、幼少期にその経験を持てないと、一人で恐怖や不安に向き合うしかなくなってしまう。それでは安心して未知の社会に冒険に出かけることができない。乳幼児期に愛情たっぷりの温かな親子関係を築けた子は、養育者（親）をいつでも戻って来られる安全基地にして、勇気を出して自分にとって外部にある世界に出ていける。このことは社会的養護においても重要なことである。

子どもたちはこうして成長する中で、小さな成功体験を積み重ね、少しずつ自信を蓄える。そして、未来への希望と不安を併せ持っている思春期、青年期に、自信が不足していると不安なまま成人していくことになる。児童期は人としての土台をつくる貴重な期間である。社会的なルールを学んだり、基礎的な知識を学んだりすることも大事である。しかし、それ以上にもっと根本的なものを身に付ける二度とない時期なのである。生きることの根本を支える力とは、生きることを楽しめる力、大切な存在を信じ愛する力、自分自身を大切にする力である。

岡田尊司によれば、叱りすぎるのも、まったく叱らないのも、共感性の発達や自分を振り返る力の発達には、好ましくない。感情的に、そのときの気分で相手の非だけを責めてしまうことが一番いけない。愛着が安定すると、自分のことを振り返り反省する能力と、相手の立場に立って気持ちを汲み取る共感能力が高まり、自分の行動をコントロールする能力が高まる（『誇大自己症候群　あなたを脅かす暴君の正体』（朝日文庫）　岡田尊司　朝日新聞出版　２０１７年）。

## 不安な回避型愛着スタイルが増加している

愛着スタイルが安定すれば、生きづらさや社会に対する不適応感が和らぎ、自分を活かした人生を歩みやすくなる。人生が行きづまり、落とし穴にはまったとき、それを救う最も有効な手立ては、安全基地を強化し、愛着を安定化させることである。ところが、不安定な回避型愛着スタイルが増加していることに、岡田尊司は危機感を抱いている。岡田の主張を要約すると以下のようになる。

愛着のスタイルは、安定型と不安定型がある。後者については、不安型、回避型、恐れ・回避型、未解決型に分類される。養育において、応答的な関わりが不足し、愛着がダメージを受けると、最初に増加を示すのは、もっとかまってもらおうとして愛情を過剰に求めようとする不安型や、愛着の傷に苦しむ未解決型である。だが、さらに事態が進行すると、愛情を求めることさえ諦め、期待値を下げることで安定しようとして、回避型が増えていく。社会全体で見ると、一時的に不安型愛着やそれに伴う愛着関連障害が激増するが、次第に回避型に移行し、回避型に伴う問題が中心をなすようになる（『回避性愛着障害 絆が稀薄な人たち』）。

かつて家族は、愛着の絆を築く場であったが、テレビが普及することによって、家族の団欒の中心がテレビとなり、それが一人1台になり、さらにスマホがいきわたるようになった。その結果、互いのリアルな対人関係が少なくなる。それればかりか、長時間画面を見つづけ、脳の同じ回路ばかりを使う環境の影響から、ネット、ゲーム依存の人では、ADHD等の発達障害やうつ傾向を示しやすくなる（『愛着崩壊 子どもを愛せない大人たち』）。

喜びを感じる仕組みは、生存にとってきわめて重要であるが、人類は、大きく分けて三つの喜びの仕組みを持っている。①内因性麻薬（食欲や性欲といった本能的な欲求を満たしたときに感じる満足感や快感）、②ドーパミン（努力して何かを達成したり、習得したりするときに得られる日常的でない特別な達成感）、③オキシトシン（愛する者とふれ合ったり世話したりされたりする関わりの中で得られる喜び）である。愛着が希薄な回避型人類は、このオキシトシン系が退化している。オキシトシン・レベルの低下が進行すると、子宮の未発達や不育症といった問題が広まるとともに、性交疼痛症やセックス嫌悪症が身近な問題となる（『ネオサピエンス 回避型人類の登場』 岡田尊司 文藝春秋 2019年）。

昨今、増えている回避型のうち、子どもの頃に親から強い支配を受けたタイプの人は、人に甘えられない面と、親や配偶者に過度に依存してしまう面を併せ持ち、それゆえ親離れや自立にも困難を抱えやすい。回避型愛着スタイルは、その人の人生を困難にするだけでなく、この社会自体の維持を困難にする問題でもある。回避型の本質は、人と心から打ち解け親密な信頼関係を築くことやその関係を長続きさせることが困難であり、持続的な責任を面倒に感じて、それを避ける点にある。このため、社会的にも経済的にも結婚や子育てが十分可能な境遇にあっても、それらに対する意欲や関心が乏しい傾向が見られる。こうした回避型の愛着スタイルが増える傾向は、人とのつながりや結婚、子育てといったことにも、深刻な影響を及ぼす。

それは、家族の危機を深め、孤独に暮らし、見知らぬ人の中で孤独に死んでいくという方向に社会が向かうことを意味している。回避型の人は共感的な愛着や情緒的な対人間関係能力を身に付けることが苦手である。また、性行為を非情緒的な行為としてスポーツやゲームのように扱おうとする人がいるのに対し、むしろ性行為にあまり積極的になれないというタイプも多い。

回避型の要因としては、ネグレクトや心理的無視が代表的だが、きちんと世話をしているつもりでも、養育者の応答性や共感性が乏しい場合もある。一方で、過保護や過剰な支配といった、まったく正反対に思える状況でも、回避型の傾向が強まる。

愛着形成の時期に、子どもが親から十分な応答が与えられないと、回避型になりやすいことはさまざまな研究により裏づけられている。逆に、この時期に応答を増やすことによって、回避型になるのを防ぐこともできる（『回避性愛着障害 絆が稀薄な人たち』）。重要なのはオキシトシン・リッチな環境である。

岡田は、回避型愛着スタイルの増加を、人類の危機といえるほどの大きな問題であると指摘しているが、これについては、後ほど紹介したい。

**私たちにも今すぐできることがある**

◆オキシトシン・リッチな環境をつくろう
◆家族で食卓を囲んで、楽しい食事時間を持とう
◆子どもが1歳になるまでは、育児休業して愛着を育もう
◆母性、父性の順序とバランスを大事にしよう

## 3　社会の安全保障

現在の日本では、失敗したときに再チャレンジすることが難しく、将来に希望を見出しにくい。他者に対して寛容になれず、攻撃的なバッシング等に走りやすくなってしまっている。企業の偽装事件が相次ぎ、役人の文書改竄や不適切な調査が発覚し、ブラック企業やハラスメントが問題となっている。心身を病む人々や自殺する人々がいる一方で、長すぎる老後への不安を抱える人々がいる。人々の心がすさんで、「心の貧困」が蔓延している。

### 分人が心のレジリエンスを高める

突っ張っている非行少年も、リストカットを繰り返す少女も、薬物に溺れる青年も、根底には自己愛の障害を抱えている。自分を大切にできず、傷つきやすく、自信が持てず、それをさまざまな強がりや依存によってごまかさないと自分を支えられないのである。いつも自己愛の追求が失敗するのは、それが周囲の犠牲の上に成り立つからである。競争に勝利するにしろ、思いどおりに子どもを育てるにしろ、そのしわ寄せを受けるものを生み出す。子どもからさえ主役の座を奪い、自分を大切にできない子どもを生み出す背景には、自分が主役であることへのこだわりがある（『悲しみの子どもたち―罪と病を背負って』（集英社新書）　岡田尊司　集英社　2005年）。

ところで、この「自己」あるいは「自分」とは何だろうか。芥川賞作家の平野啓一郎はこれらに関する新たな捉え方として「分人主義」を提唱している。人は家族の前での自分、仕事場での自分、ネットの中での自分といくつもの自分を生きているが、これらの一つひとつの自分を「分人」と捉えるのである。つまり、個人は複数の分人の集合体である。そして、その人らしさ（個性）というものは、その複数の分人の構成比率によって決定されるのである。これらの多様な側面を持つ私たちは、相手によって人格や対応を変えている。今日、コミュニティの問題で重要なのは、複数のコミュニティへの多重参加であるが、それを可能とするには、分人という単位を導入する必要がある（『私とは何か―「個人」から「分人」へ』（講談社現代新書）平野啓一郎　講談社　2012年）。

平野は個性というものを重視しながらも、いつも同じ自分でなければいけないという矛盾が、アイデンティティの問題で大きくなっているという。「自分を消してしまいたい」と思ったときも、分人という概念でアイデンティティを複数化していれば、消したいのは、ある関係性における分人だけであり、他の関係性における分人は必ずしもそうではないということが見えるという効果がある（『「生命力」の行方―変わりゆく世界と分人主義』平野啓一郎　講談社　2014年）。分人が安全基地となり、心のレジリエンスを高めるのである。

この考え方を敷衍すれば、必要なときには逃げ込める逃げ場を持ちながら、魅力的な人になることを目指して人生を複線化していけばよいということである。そのためには二つの方法が考えられる。

一つは、結婚して家庭を築くことが、自分の生き方やモノの見方を複線化するためのカギとなることである。たとえば、子育てを通じて新たな場に出会う確率が高まる。家族の存在は、私たちの生き方やモノの見方を複線化してくれるだけではなく、いざというときのセーフティネットの役割も果たす。

もう一つは、半X半就労という生き方である。職業人の心と家庭にいるときの家庭人としての心、遊び友だちと趣味に没頭するときの心や、田舎へ帰っておさな友だちと語り合うときの心も、ボランティア活動に参加するときも、別の要素的な心を構成している。用いる言葉も微妙に違い、人間関係も違い、喚起される情動も違っているはずである。

人は複数の人間関係なしには生きていくことができない。大人がそれを自らの姿で教えるとともに、子ども同士の交わりを持たせることも必要である。そのためには、親が積極的に多くの家族と接する機会を持つことを心がける必要がある。複数の人間関係があれば、複数の分人を持つことができる。分人はいわば自分をハブの位置におくパラレルワールドである。

分人は本人にとってプラスに働く場合とマイナスに作用する場合がある。しかもある分人を構成する一方の当事者にはプラスだが、もう片方の当事者にはマイナスに働くものもある。ひきこもりはプラスの分人がないため居場所がない状態と理解できる。同様にいじめは、マイナスの分人により行われており、プラスの分人がなければ被害者本人の苦悩はより大きくなる。したがって、マイナスの分人から離脱できることとプラスの分人をつくれる場があることが重要である。さまざまな社会的弱者にアウトリーチを行う伴走型の支援者の重要な任務は、被支援者との間にプラスの分人を築くことである。

## バディという考え方がつながりを育てる

さて、社会を分人で満たしていくためには、「バディ」という考え方も知っておいたほうがいいだろう。

バディシステムとは、ダイビングを楽しむには必須のスキルである。その考え方は、ダイビングの場に限らず社会においてもとても大切なことを述べていると思う。夫婦も、男性と女性もバディであるべきといえるのではないか。また、同じように疑似的な祖母―母―（姉―）本

　バディシステムとは、仲間（buddy）と共に潜ることを指します。2人でペアを組んで潜ることで、以下の利点を得ることができます。

簡単さ・素早さの向上
　自分一人では気付きにくい問題や、解決に時間がかかることも、バディがいれば簡単に＆すぐに解決することができます。たとえばウェット・ドライスーツ着用時にチャックを閉めてもらったり、BCDを背負う際にバディにタンクを支えてもらったりすることが可能になります。

安全性の向上
　安全かどうかを互いにチェックしあうことや、緊急時に助け合うことで、安全性はぐっと向上します。水中でバディの体調・残圧・水深などを確認しあったり、空気がなくなった際にバディから空気を供給してもらったりすることができます。

楽しさ・スキルの向上
　いくら美しい海の写真や動画を見ても、実体験には敵わないもの。素晴らしい体験を共有できる仲間がいるのはダイビングの醍醐味のひとつです。また、インストラクターよりも身近な存在であるバディから学ぶことも多いはず。スキルアップの機会として活かしてみましょう。

出典）「これからダイビングを始める人のための総合情報サイト［シーズ］」https://si-s.life/buddy-system/から引用
BCD＝浮力調整装置のこと

人といった形での社会的な関係性が、垂直的に連なっていく仕組みならもっとよい。

　不登校や中退経験があると、学生時代の友だちと関係が切れてしまっていることが多い。あるいは派遣や契約、アルバイトを繰り返していると、職場で友だちや仲間をつくることは難しい場合が少なくない。仕事を失うことを恐れるのは、経済的な理由だけではなく、仕事を失うことがそのまま他者とのつながりの喪失を意味するからである。仕事を失い、かつ頼れる家族や友人知人等がいない場合、人は簡単に孤立してしまうのである。職場や学校生活（クラスや部活等）の中で、安全基地となる関係ができると、仕事や勉強も一層楽しくなるだろう。そのような関係が師弟であり、親友である。バディは相互に安全基地となろうとするものである。

少子化、核家族化した社会における子育てには、このバディのような関係性を社会的に構築していくことは大切なことではないだろうか。一例を挙げると、奈良県生駒市の「子育てシェア」事業（「株式会社ＡｓＭａｍａの子育てシェア」）は、顔見知り同士がインターネットを介してつながりをつくり、託児や子どもの送迎等、支援を依頼するメッセージを「シェア友」や「ママサポ」と呼ばれる知人に一斉に送信する。それに対し、対応できる人から返事があると、具体的な支援内容を依頼するというものである。この取組みはバディを水平的に連鎖させる試みである。

## 「ダメ」「やめなさい」だけでは非認知能力は身に付かない

人間の能力には、数や文字が認識できる等、学力やＩＱ等で測定できる力である「認知的能力」と、IQ等で測れない、目標に向かって頑張る力、他の人とうまくかかわる力、感情をコントロールする力等の「非認知能力」がある。子どもの貧困は、一生の財産になる非認知能力を獲得する機会を奪い取ってしまう。

幼児教育の経済学を研究したシカゴ大学のジェームズ・J・ヘックマンが、所得や労働生産性の向上、生活保護費の低減等、就学前教育を行ったことによる社会全体の投資収益率を調べると、15~17%という非常に高い数値が出たのである。ヘックマンの研究は、所得階層別の学力差は既に6歳の就学時点からついていること、つまり所得階層別の学力差の原因は、子どもたちの就学前の時点にあることを明らかにした意義がある。社会的に成功するためにも、リーダーシップ、忍耐力、協調性、やる気といった非認知的能力が十分に形成されることが就学前教育において重要な点の一つである。

ヒトは進化の過程で、他人の心を文脈に応じて推測できる脳を獲得してきた。幼児期に「学ぶ力」を身に付けさせたいのであれば、子どもが自分で人の「動き方」をよく見て、自分で取り組めるような機会をたくさん提供することである。これまで子どもは食事中等に、大人の意見を聞き、大人と議論し、思考力を養ってきた。非認知的能力を身に付けさせるには、子育てをしている養育者は、幼児期特有の行動や感受性をよく知っている人、幼児期特有の不思議な行動をする意味をわかって、見守ってやることのできる人であることが必要である。大人の見方を基準にして子どもを支配していると、ますます子どもの行動を理解できなくなり、子どもが何を考えているのかわからなくなってしまう。「ダメ」「やめなさい」と頭ごなしにいうだけでは、非認知能力を身に付けさせることはできない。

## いじめや非行の原因が生まれないようにする

子どもを社会が育て上げるには、すべての子どもが落ち着いて認知的能力と非認知的能力を身に付けられる教育環境が重要である。

自ら考え、そして仲間との対話によってさまざまなアイデアを組み合わせていくことができる人物に育ってもらうには、遊びを通じて好奇心を養い、一緒になってさまざまなルールを自分でつくり出しながら、友だち同士のコミュニケーション能力を養うことが必要である。

このような機会を妨げるのは、虐待と同様、非共感的な暴力や攻撃を学習させる体験となるいじめである。非行少年には、小学校の頃にいじめられた経験を持つものが少なくないといわれている。

「令和元年度児童生徒の問題行動・不登校等生徒指導上の諸課題に関する調査」（文部科学省２０１９年）によれば、小・中・高等学校における暴力行為の発生件数は７万８７８７件、小・中・高等学校及び特別支援学校におけるいじめの認知件数は61万2496件である。また、小・中学校における長期欠席者数は25万5794人で、このうち不登校児童生徒数は18万1272人、高等学校では4万2882人が中途退学しているほか、長期欠席者数が7万6949人で、このうち不登校生徒数は5万100人となっている。

岡田尊司によれば、子どもが非行へと向かうとき、そこに必ず見出される状況は、例外なく本人の居場所がないことだという。一見、突発的に見える非行も、現実の生活に対して、子どもが何らかの不適応を起こしているのである。さらに、小さい頃のいじめられた体験が、非行に走るリスクを何倍にも高める。実はかつての「被害者」が「加害者」側に回るという構造が生じやすい。

多動型の子どもにしろ、依存型の子どもにしろ、自分をありのままに受け止められたり、気持ちを尊重されたりする体験が乏しい中で育てられている。本人の居場所や認めてもらえる場がなくなってくると、その子は学校や家庭の外に自分のありかを求めようとする。そうした受け皿となるのが非行グループや危険な大人である。なおさら問題なのは、そこで初めて自分が受け入れられたと感じることも多いことである。ただ、学業不振にしろ、友人関係での孤立にしろ、本人にも原因があることも多い。それは、根気や粘り強さの乏しさだったり、人間関係における身勝手さだったり、時間や約束を守らないといったルーズな傾向だったりもする（前掲書)。このようなことからも、暗黙知である非認知的能力は重要である。

## 実行機能を育み二分法的な思考を克服する

非認知スキルの中でも、目標を達成するために自分の欲求や考えをコントロールする能力は「実行機能」と呼ばれる。子どもが自主的に目標を達成するための力である実行機能は、家庭環境や教育の影響を受けやすい。子どもの実行機能とかかわること、つまり、子どもの健康や衛生に関するかかわり方がうまく、子どもとのやりとりが円滑な幼児教育施設では、子どもの実行機能が育まれやすい。

京都大学文学研究科准教授で発達心理学を専門とする森口佑介によると、実行機能には、感情面を担う実行機能と、思考面を担う実行機能がある。それぞれ、「感情の実行機能」、「思考の実行機能」と呼ばれるものである。感情の実行機能は、目標のために欲求や衝動を制御する能力であり、思考の実行機能は、目標のために習慣やくせを制御する能力である。

この二つの能力は、幼児期に著しく発達し、児童期には緩やかに発達することがわかっている。子どものときに実行機能が高いと、青年期にも実行機能が高く、違法行為等をする確率が低いため、進学や就職で有利になり、大人になってからの暮らし向きがよい。これに対して、子どものときに実行機能が低いと、青年期にも実行機能が十分でなく、酒やタバコはもちろんのこと、ドラッグをはじめ犯罪に手を出してしまう（『自分をコントロールする力 非認知スキルの心理学』（講談社現代新書） 森口佑介 講談社 2019年）。「令和2年版犯罪白書（薬物犯罪）」によると、統計のある1971年以降で初めて4000人を超えた大麻取締法違反（4570人）は20代が最多で、大麻が若者に広がっている。薬物依存の結果、大人になってから経済面や健康面で問題を抱える確率が高くなる。したがって子ども期に実行機能をしっかりと発達させることが重要である。

子どもは、最初は自分一人で感情をコントロールすることはできないが、愛着のある関係性を築くことで、自分の感情をコントロールすることができるようになる。養育者にまとわりつき、慰められる経験を繰り返す中で、感情をコントロールするという感覚がわかるようになるのである。

大事なことは、親が子どもの現在の能力をしっかりと見極めた上で、過干渉にならず、今取り組んでいる課題を子どもが自分で解決するために、最低限の支援をすることである。森口によれば、感情の実行機能は、主に問題行動とかかわっている。たとえば、感情の実行機能が低い子どもは、怒りやすく、クラスメートとトラブルになりやすかったり、友だちとの共同作業が苦手で孤立しやすかったりする。これに対し、思考の実行機能は、社会的・感情的な準備にもかかわっている。幼児期に思考の実行機能が高い子どもは、就学前後の学力準備が十分できている。とりわけ、算数やその基礎となる知識の獲得に大きな影響力を持つ（前掲書）。

さらに、異文化理解や相互交流には、「自分たちの標準とするものが、世界の標準であるとは限らない」という認識をきちんと持っていることが大切である。人間を勝手にカテゴライズして、「〜はこうだ」と断定することは問題がある。バイアスのかかったヒューリスティックな思考や二分法的な思考を克服することも、社会の安全のためには重要なことである。このような認識がヘイトスピーチ等も減らす。二分法的な認知を克服し、ポジティブかネガティブかのどちらか一方に偏らない認知を育み、認知をバランスのよいものに変えなければならない。物事を自分の視点から離れて見えるように訓練することや、できない点や悪化した点にばかり目を向けるのではなく、よい点やできることにも目を向け、そこを肯定的に評価するということも重要である。二分法的思考というのは、全部よい完璧な状態は百点だが、少しでもダメだと零点だとする思考のことである。そうではなく、あいまいな境界をもちスペクトラム状に連続的に存在する意見・症状・現象などを「個性」として捉えることを大切にすべきである。

分人という概念を知った私たちは、人を評価するとき、二分法的な見方をしないというだけでなく、自分には見せていない面も想定することができる。「愛」とは、このような立場に立って、好きになれる面を一つずつ探そうする意志である。結婚式や披露パーティーは、社会に対してその決意を表明する場にほかならない。

## 大卒層と非大卒層が社会を支えるバディを組む

文部科学省が２０１２年に、全国の通常学級に在籍する小中学生５万３８８２人を対象に調査したところ、文字の読み書き等に困難がある児童生徒は４・５％だったという。学歴にかかわらず、基礎的な学力をすべての社会構成員に身に付けてもらうことは大切なことである。

夜間中学は、不登校等により十分な教育が受けられなかった人（外国人も含め）には、学び直しのできる学校であり、居場所でもある。子持ちの生徒もいる。このほか子ども食堂や放課後クラブも大切な居場所である。校庭・校舎を地域のスポーツクラブやＮＰＯに貸し、部活に限定せず、地域の高齢者も学童保育や習い事に一緒に参加するような仕組みも考えられる。そのような場で仲間として受け入れられ、小さなストレスを乗り越えるという成功体験を積むことで、大きなストレスにぶつかったときにもさほどダメージを受けずに乗り切れるようになる。

文部科学省が２０１５年度から実施している「地域未来塾」という事業は、経済的な理由や家庭の事情により学習が遅れがちな中学生や高校生等を対象に、教員志望の大学生、学習塾等の民間事業者、地域住民やＮＰＯ関係者等がボランティアとなって、放課後や休日等に学習を支援するというもので、全国の中学校区の約半分に当たる５０００か所まで広げる計画である。
また、文化庁が構想する「地域文化倶楽部」（仮称）は、創設地域の文化施設や芸術団体、芸術大学などが核となって複数校の子どもたちの文化芸術活動を支援する。部活動を学校単位から地域単位の取組みに移行することで、学校教員の長時間勤務も緩和される一石二鳥の取組みとして期待したい。

さらに、厚生労働省も、ひとり親家庭の子どもの学習支援事業を２０１５年度から拡充させている。ひとり親家庭の子どもたちのもとに、家庭教師として学生ボランティア等を派遣する等の取組みである。また、教員志望の学生ボランティア、学習塾関係者等に協力してもらい、子どもたちの学習支援に乗り出す自治体が増えているが、ひとり親家庭や貧困家庭等に育つ子どもたちへの支援は、今後も一層の充実が望まれる。

現在、中学3年生は6割以上が塾に行くというが、残りの4割を放置しておけば、貧困家庭と一般家庭の子どもたちの学力の差は広がるばかりで、それが子どもたちの将来の収入に直結することになりかねない。少なくともひとり親のうち、中卒の親には再度学び直しのチャンスをつくり、高校卒業資格を得られるような援助が必要である。

高等教育の無償化については、大卒層となる約半数の人々には利益となるが、国内の高等教育機関の入学定員が18歳人口の約６割しか用意されていないので、４割の人はこの恩恵を受けられない。したがって、高等教育の無償化が行われるのであれば、20歳前後から社会人として働いている非大卒の若者層にも同じ規模の支援があってよい。

社会学者で大阪大学人間科学研究科教授の吉川徹によれば、地方の地域のコミュニティを支えている主力は非大卒層である。地元の高校を卒業して地方に残っている彼ら・彼女らは、縁の下の力持ちであるエッセンシャルワーカーの主力である。高齢者介護等の仕事を受け持ってくれているのも、大半が非大卒層であり、この層が、地域のコミュニティを守ってくれているからこそ、多くの大卒層は、都市部で仕事に傾注し、豊かで安定した個人生活を営むことができているのだ。

さらに、若年大卒男女が晩婚化、非婚化傾向にある中で、若いときに結婚して子どもを産み育てることで、少子化の進行を鈍らせる働きをしているのは若年非大卒女性である。そして、彼女たちを私的にサポートし、エスコートする役割を担っている男性たちの主力も非大卒層である。さらに、サービス水準が高く、治安や衛生状態のよさ、交通ルールやマナー遵守が徹底していること等、日本が世界各国からのインバウンド旅行者から、魅力的な訪問先だという高評価を受けるのも、脱落者の少ない質の高い教育により、非大卒層が社会を支えているからこそである（『日本の分断　切り離される非大卒若者（レッグス）たち』（光文社新書）吉川徹　光文社　2018年）。大卒層と非大卒層は、各世代に半数ずつの比率で存在して、社会を支えるバディとなっている。

## 保育や福祉の仕事を支える「教育困難校」を再生する

　非大卒層と大卒層がしっかりしたバディを組めるようにするためには、中等教育の充実が欠かせない。「教育困難校」とは、中等教育において、非行や校内暴力等の問題行動や生徒の授業態度や学力等が原因で教育活動が難しい状態にある学校のことである。日本では偏差値ランキングがあり、学力と社会経済的地位の高くない生徒が集まった「教育困難校」、「底辺校」がつくられ、教師は生徒たちの学業成績については諦めてしまっているという現実がある。偏差値ランク上位の進学校では、進学と学習が生活の規範である。これに対して、「底辺校」では、4割が専門学校に行くこともなく就職を選んでいる。高校中退者も「教育困難校」に圧倒的に多い。高校卒業率が9割近くに達し、求人募集も高校卒業を要件とするものが大半を占める現在、高校卒業資格を持たない不利はあまりにも大きい。

「教育困難校」の生徒たちは、人が困っている場面に遭遇すると、自分にとっての損得を考える間もなく瞬間的に自分の感情に従って行動し、誰かの役に立てた、何かの役に立てたということで大きな満足感を覚える生徒が多いという。進学校の生徒が人の役に立ちたいとの目標を持った場合、目指すのは医療や国際貢献、技術開発等に向かう。これとは対照的に、「教育困難校」では、乳幼児や高齢者、障害者の役に立つために福祉の仕事に将来就きたいと考える生徒も多いという。介護も保育も現在の日本では、最も人手不足で困っている職業であり、この分野を希望する「教育困難校」の生徒たちは今後の心強い担い手となる可能性があるが、進学するための学費の問題もあり、彼らの多くは希望の道に進めない（『ルポ 教育困難校』（朝日新書） 朝比奈なを 朝日新聞出版 2019年）。

このような状況の中で、NPO等による食事も提供する無料の居場所型学習支援教室や校内「居場所カフェ」の活動は画期的である。家庭でも学校でもない「居場所」を用意し、そこで自身の家庭環境の中では出会えない人やモノに接することは、利用する生徒の視野を広げる貴重な体験になる。2016年に制定された教育機会確保法に基づく施策も動き始めている。たとえば、東京都大田区は、不登校となった中学生が少人数指導のもとで生徒の状況に合わせた授業を受けられる「みらい教室」を開設している。居場所のない児童・生徒のための今後の施策展開が期待される。純粋に人の役に立ちたいと思う「教育困難校」の生徒たちは貴重な存在である。福祉や保育に興味・関心を持ち、その中核を背負って立つ人材をどう育てるかは、本人にとっても、日本社会にとっても非常に重要な問題である。中等教育の質の充実にも教育予算をもっとつぎ込むべきである。

私たちにも今すぐできることがある

◆プラスの分人を増やそう
◆夫婦でバディを組もう
◆家族ぐるみの付き合いで、ＢＢＱやキャンプを楽しもう
◆二分法的な思考をやめ、好きになれる面を見つけよう

## 4　定常化社会

### 定常化社会とは循環型社会・分散型社会でもある

地球温暖化も、生物種の絶滅も、少子化も、高齢化も、実は急速に進み過ぎることが問題を大きくしている。それが緩やかなペースであれば、むしろ望ましいことである可能性すらある。たとえば、大量絶滅すら起こしかねない氷期の到来よりは温暖化のほうがよいかもしれないし、本来は人口爆発よりは適正な規模の人口を、短命よりは長寿を喜ぶべきだろう。気候変動も少子化も高齢化も、そのスピードを緩め、「定常化社会」へと向かうという展望があるだろうか。

定常化社会を構築するには、枯渇性資源への依存度の低い循環型社会が形成されることが必要である。両者はコインの両面ということができる。さらに再生可能エネルギーが支える循環型社会であるためには、分散型社会である必要がある。

循環型社会とは、ストックとしての資源を節約し、自然資本、人的資本も再生産され、地域内での経済循環が活性化されるような社会である。第四次循環型社会形成推進基本計画（2018年6月19日閣議決定）において、究極的な物質フローが満たすべきは、①木材などの再生可能資源については自然の中で再生されるペースを上回らないペースで利用し、②金属資源、化石資源などの再生不可能な資源については枯渇する前に持続可能な再生可能資源に代替するため、代わりの再生可能資源が開発されるペースを上回らないペースで利用し、③自然の循環や生態系の微妙な均衡を損ねる物質については自然が吸収し無害化するペースを上回らないペースで自然界に排出すること、の3つであるとされている。

定常化社会＋循環型社会＋分散型社会であるような社会は、次のような式で表される基本的で不可欠な支援（ベーシック＆エッセンシャル・サポート＝BES）によって支えられることになるだろう。

BES＝BI＋HF＋BS＋ES

・BI（ブースト・インカム）＝より快適に暮らしていけるようにするブースト機能をもたらすポイント給付。もともとはベーシックインカムの略語だが、本書ではこちらの意味を推奨したい。

・HF（ハウジングファースト）＝住まいを失った人や生活に困窮している人への支援の際、安心して暮らせる住まいを確保することを最優先とする考え方

・ＢＳ（ベーシックサービス）＝誰もが利用できる質の高い現物給付やサービス給付
・ＥＳ（エネルギーシフト）＝エネルギーの「地産地消」によって、エネルギーコストの地域外流出を止めて、資金を地域に還流させるため、①枯渇性資源である原子力・化石燃料から再生可能エネルギーに転換し、②大規模集中型から小規模分散型にするとともに、③排熱等の廃棄エネルギーを活用すること

## 今や成長論から分配論に転換すべきときを迎えている

巷では、いかに経済成長するか、特に現在のような状況においては、いかに経済を成長軌道に回復させるかといった議論にあふれている。ここでは、成長論と分配論、資源拡張期と資源制約期といったキーワードを手がかりとして発想の転換を図り、成長論一辺倒を脱すべき時代に直面していることについて論じてみたい。

マクロ経済学は、経済政策の目的によってテーマを二つに分けて理解することができる。国民生活を豊かにするために、どういう経済政策を行えばＧＤＰを極大化することができるのかというテーマを扱うのが「成長論」である。これに対し、生み出された価値を国民の間にどのように分配すれば、国民全体の満足度がより高くなるのかを検討するのが「分配論」である。

波頭亮は、成長フェーズとは、「GDPがトレンド的にある一定以上の拡大を遂げている」状態であり、成熟フェーズとは「GDPがトレンドとして拡大していかない」状態になったことであるとすれば、我が国は既に成熟フェーズに入っていると指摘している（『成熟日本への進路「成長論」から「分配論」へ』）。しかしながら、経済政策の分野では、いまだに成長論にすがって、分配論を回避しているように見える。「経済成長がすべての問題を解決してくれる」あるいは「分配の問題は成長によって解決できる」といった発想である。

また、日本植物燃料株式会社代表取締役社長の合田真は、時代の状況は、世界が広がり、エネルギーや食糧の生産が増えていく「資源拡張期」と、反対にエネルギーや食糧の生産が横ばい、あるいは減っていく「資源制約期」に分類することができると提起している。資源拡張期には、自由競争の分配ルールに従っておけばよいが、資源制約期においても同じように自由競争に任せていると、システムは破綻してしまう可能性がある。石炭から石油への移行期は資源制約期、その後の安い石油の時期は資源拡張期だった。しかし現在はオイルピークを迎えている上に、原子力災害の影響もあり、世界は再び資源制約期になっているというわけである。このため、合田は少なくとも世界が再び資源拡張期に入るまでの間は、お金の分配ルール自体を、資源制約期に合ったものに変える必要があるとしている。「お金でお金を稼ぐ」すなわち「複利」で稼ぐモデルは、資源拡張期においてのみ成立するのである（『20億人の未来銀行 ニッポンの起業家、電気のないアフリカの村で「電子マネー経済圏」を作る』合田真　日経ＢＰ　２０１８年）。

経済活動を行い、自然を人工物に変えていく過程で、私たちは最も手近な資源を使う。しかも自国の生態系が生産できる以上のものを消費する。不足分は輸入するか、自国の土地や森から、その恵みを持続不可能なレベルでもぎ取っており、世界全体では地球の生物圏が生産し得る量以上のものを消費している。そして、この自然の供給量と人間の消費量との差は、未来の世代が受け取るはずのものだったことを忘れてはならない。したがって、これからの分配論においては、現在と未来の間の分配論も必要なのである。

京都大学こころの未来研究センター教授の広井良典は、重要なこととして、「拡大・成長」型の思考、あるいは短期的な損得のみにとらわれ長期的な持続可能性を後回しにする発想の枠組みから抜け出していくことを挙げている。そして、日本社会の持続可能性を実現していく上で、「都市集中型」か「地方分散型」かという分岐が最も本質的な選択肢であるが、人口や地域の持続可能性、そして健康、格差、幸福等の観点からは「地方分散型」が望ましいとしている（『人口減少社会のデザイン』　広井良典　東洋経済新報社　２０１９年）。

今後はいろいろな面でますます地方への分散とそれを実現するための地方分権が必要である。「ワークライフバランス」を改善し、女性が社会進出を果たしても、きちんと子育てがしやすい環境をつくること、男性も育児に参加することが必要である。子育てとは直接関係ない場面でも、残業を減らし、有給休暇を取得しやすくして、仕事とそれ以外の人生のバランスを見直していくことはとても大切なことである。

一方で、出会い、とりわけ偶然の出会いが少ない地方都市では、高校進学時点において偏差値で輪切りにされ、その時点で人生の方向が決められてしまう。そこで一部の若者はいわゆるマイルドヤンキー化するが、それ以外の一部の若者は、偶然の出会いを求めて大都市へと向かうのである。

したがって、資源配分については、所得階層間の分配や世代間の分配のほか、都市圏と地方圏の間の分配論が検討される必要がある。大都市で、中小零細企業が疲弊しても、大企業で働く有能なビジネスパーソンだけで経済大国をつくっていくという路線は間違っていることは確かである。これからの経済のあり方を考えるときの手がかりとして、「公益資本主義」という考え方がある。

## 公益資本主義が企業を構成している「社中」を豊かにする

社会は、「分人」や「居場所」を生み出す場でなければならないが、企業も同様である。日本では、ここのところブラック企業やパワハラ等が問題となっている。これらを克服して、社会においても、企業においても生きづらさを小さくするための考え方として、前出の原丈人の提唱する「公益資本主義」について要約して紹介したい。

原は、「会社は株主のもの」とする「株主資本主義」から、「公益資本主義」への転換が必要だと主張している。「会社は株主のもの」という理屈に基づき、会社の目的を株主の利益を上げることのみとし、従業員や顧客の利益はないがしろにされていることが、現在の経済危機の原因となっているというのである。株主資本主義の呪縛から企業を解放し、企業の本当の力を引き出すには、短期投資家や投機家向けにつくられている現在の制度を、根本的に改革する必要があるという。

つまり、会社の儲けが株主にばかり還元されて、社員や非正規社員や仕入れ先には還元されないため一向に消費が伸びず、景気が上向かないのである。安直に、経費よりも先に利益を決めれば、経費にあたる社員の給与や交通費は下がる。本物の好景気にするためには、バブル的な投機ではなく、実業にお金が入っていくようなメカニズムをつくることが必要である。それは新しい基幹産業を育成する方向に資金を回し、その基幹産業が雇用を増進し、人々の生活を豊かにしていくという仕組みである。

短期間で高いリターンを要求される経営者は、悠長な研究開発や長期的な開発投資を行わず、利益を出すための効率化や組織縮小を無理してでも行い、上がった利益を株主への配当に回す。原は、次のように指摘する。

「従業員の幸福や生きがいより、株主と経営陣が優先される。こうなれば、従業員が会社に何の愛着も感じられなくなり、仕事に対して向上心が湧かなくなるのも、当然です。」

「その結果生じるのは、ファストフードなら食品産地の偽装、航空会社なら整備の手抜き、自動車会社ならデータの偽装。電力会社なら停電。いずれも従業員のモラルの欠如から生じるのですが、ROEを上げ、ストックオプションで儲ける株価優先の経営方針こそ根本原因なのです。」

（『「公益」資本主義 英米型資本主義の終焉』文春新書　原丈人　文藝春秋　2017年）

原の定義では、「公益」とは、企業を構成する個々の「社中」（株主、従業員、取引先、顧客、さらには地域社会、地球）に配分される利益の総和である。また、「公益資本主義」とは、社会の「公器」である企業が、正しい方法でできるだけ多くの利益を上げ、立場に応じて公平に分配するというものである。この考え方に基づき、持続的成長を支えるために、中長期的な投資を行う。会社が上げた利益は、株主だけでなく、会社を支える社中各員に公平に分配することが重要であるとしている（前掲書）。

人が人生の中で家庭と同様に長い時間と貢献をする会社（職場）でどのような「分人」をつくることができるかは非常に重要である。原は「社中」の中でも、会社にとって最も重要なのは、社員であるという。社員の苦労があればこそ、企業は事業を続け、発展できるからである。社員が目先の利益からでなく経営に参加していくのは、会社が小さい段階であることのほうが多い。リーダー（ＣＥＯや創業者）の掲げる長期的なビジョンを信じ、みんなで目標を共有し、会社に貢献しよう、会社に尽くそうという熱意を持って参画していく。そしてそのような会社のほうが、むしろ社員個々人の幸福感も高い。小さな企業と同じような状態を大企業の中にいかにつくるかは、公益資本主義の理論における重要な命題である。いわば、カイシャの中でのムラの復権である。

原はまた、株主のうちで「会社を支える一員」と見なすべきなのは、5年以上の長期にわたって株を持ち続けた株主のみであるという。株数の多寡ではなく、その企業の事業と理念に共感し、長期にわたって経営を支えたいと考えている株主こそ優遇すべきなのである（前掲書）。これを参考にするなら、配当や議決権は持株数のみによるのではなく、持株数×保有年数を基準にして付与すべきである。

元法政大学教授の坂本光司は、著書『日本でいちばん大切にしたい会社』シリーズ（あさ出版）で、社員や関連企業や地域を含めたステークホルダーの利益を長期的視点で実現しようとしている会社を長年取材しており、それらの企業は公益資本主義に似た実践例として参考になる。原が否定的に描いているのは、短期的に資産圧縮等で会社を疲弊させつつ、将来のことを考えずに今儲かる事業だけに集中してＲＯＥ（株主資本利益率）を上げる企業である。しかもアナリストをうまく使って上手なＩＲ（投資家向け情報提供）によっていかにも会社に将来性があるように見せて市場や投資家を欺くような企業のあり方である。この坂本のシリーズに出てくる企業群は、それらとは正反対の企業の姿である。

さらにこれからの時代にはＥＳＧ投資のための企業の情報開示強化が重要であるため、「有価証券報告書」に気候変動に関する記載を義務づけるなどの案が検討されている。これに加えて、証券取引所の上場基準にＥＳＧ指標を組み込んだり、機関投資家が自己規制団体を組織し、ＥＳＧ経営を行う企業の資金調達に寄与する仕組みを強化してはどうか。

## 人口減少社会を「定常化社会」と捉え直してみる

日本の人口が一億を超えるほどに急増したのは、歴史的に見ればごく最近のことである。そして我々は今、人口が減少していく時代に直面している。

人口が増えるためにはそれを支えるエネルギーが必要である。狩猟採集期の日本列島の人口は30万人程度であった。農業期の頂点だった江戸時代後半には豊富な森林資源と家畜の利用により、人口は３０００万人強となった。そして、化石燃料利用が頂点を極めた平成末期は1億３０００万人へと、人口は激増した。化石燃料は、何億年も前に地球に降り注いでいた太陽エネルギーが、当時の植物の中に蓄積された末に、地殻変動の中で変成し濃縮されたものである。エネルギー密度が格段に高い化石燃料の普及は、地表面を使わずとも膨大なエネルギーの利用を可能にしたのである。

現在の人口が絶対的に維持すべき水準と考える理由はどこにもない。しかし、人口が「急速に」「減り続ける」のは問題である。基本的な方向として、出生率はできれば２・０前後の水準——人口が維持されるいわゆる「人口置き換え水準」（２・07程度）——に回復するのが望ましいのは当然である。現実的には、出生率は現在のおよそ１・４から徐々に２・０に向けて時間をかけて回復することが望ましい。人口は当面は減っていくけれども、毎年の出生数の目標を１００万人としながら、ある段階で下げ止まり、やがて「定常状態」になって落ち着くというシナリオがベターであろう。出生数が１００万人で平均寿命が１００歳なら、人口は1億人である。

世界人口は20世紀の間に16億から60億まで増え、現在は70億強である。２０１９年の国連の予測では、世界人口は2100年に112億程度で安定する。2050年の時点で97億人とされており、21世紀後半の人口増加はきわめて小さい。つまり世界人口は、21世紀の半ば頃から大方成熟化していき、やがて定常状態に至る。このような定常化に到達してからこそ、省資源、省エネルギーと生活レベルの折り合いをつけ、地球環境問題に全世界が足並みを揃えて取り組むことができるようになるだろう。

日本の人口は2100年には概ね8000万人前後で定常化するという見方がある。これを捉えて、人口減少を悲観的にのみ受け取る論も多いが、明治と大正の境目の年である1912年の人口は約5000万人に過ぎない。

また、江戸時代の人口増加は、17世紀以前は世帯主とその後継者が中心であった結婚という形が、非後継親族にも広がった結果である。新田開発により嫡子以外が独立して新しい世帯を持つことが可能となり、出生率が増加したのである。しかし、3000万人という規模が閉鎖経済である江戸時代の限界だったらしく、江戸中期以降、日本の総人口は概ね横ばいに推移した。それでも、世界に誇るべき文化を生んだのである。したがって、8000万人という数字は大騒ぎするほどのことはないのかもしれない。

広井良典は、21世紀後半に向けて世界は、高齢化が高度に進み、人口や資源消費も均衡化するような、ある定常点に向かいつつあるとしている。またそうならなければ持続可能ではないとし、そのような「定常型社会」のモデルを先頭になって構想し、実現していくことが日本の立ち位置、あるいは責務ではないかと提起している（前掲書）。

合計特殊出生率は「15〜49歳までの女性の年齢別出生率を合計したもの」であるが、女性の平均初婚年齢は、１９８０年に25・２歳だったものが、２０１４年には29・４歳まで上昇している。そして、出生数は、一人の親が産む子どもの数が増えなくても、子どもを産み育てる年齢が若くなることによっても増加する。このため、生活や雇用の不安定さや困窮を抱える若い世代のうち、結婚、子育てをしたい人の望みを叶えやすくするためには、ＢＩを給付する意義は大きい。そして子育て支援策を充実し、ＢＥＳによりオキシトシン・リッチな環境を整備することで、世代間隔が短縮し人口減少のスピードが緩む可能性がある。

「人口減少社会」とは、「定常型社会」へと向かう社会、すなわち「定常化社会」であると捉えるべきである。人口がいったん下げ止まれば、エコロジカル・フットプリントを地球の環境容量の範囲内に収めながら、人口を回復していくことも可能であろう。

人口減少社会においても日本が豊かさを維持するために、「戦略的に縮む」という成長モデルが「定常化」である。「戦略的に縮む」ことは、デメリットだけでなく、次のようなメリットもある。①炭素排出やエネルギー消費量が少なくて済み環境への負荷が小さいこと、②ＢＩの原資が少なくて済むこと、③安全な土地を選んで住めること、④食糧自給のための食糧生産が少なくて済むこと等である。

## 世代内でも支え合う社会保障

これからの高齢化が進んだ定常化社会においては、社会保障は、「世代間」の支え合いや自立支援といった考え方だけではなく、新たな発想が必要である。

過去には1970年代以降、経済が低成長へ移行する中で、高齢化に伴う介護等の福祉費用の増大を危惧する立場から、「日本型福祉社会論」が台頭した。これは公的サービスに頼らず、家族による介護で乗り切るという考え方だった。しかし、寝たきりや認知症の高齢者の増加、介護期間の長期化により、多くの家族が介護に疲れ切って、要介護の高齢者を支えきれない状況になってしまった。

また、最近では、高齢化、少子化、晩婚・晩産化によって、同時に子育てと親の介護のダブルケアを行わなければならない人が増えている。さらに圧倒的に人気がある特別養護老人ホームは、待機者が50万人もいるといわれている。

このほか、ヤングケアラーの問題がある。埼玉県が県内の高校2年生全員を対象として調査した結果、4・1％が病気や障害などのある家族を介護していることがわかった。学校生活への影響は「なし」が41・9％を占める一方、「孤独を感じる」（19・1％）、「勉強時間が十分に取れない」（10・2％）、「睡眠不足」（8・7％）、「学校を休みがち」（2・2％）といった回答もあったという（2020年11月28日付　日本経済新聞夕刊）。

さらに、就業意欲そのものを喪失してしまった無業者やひきこもりのほか、非正規雇用や無業者が未婚のまま親と同居し、親の被扶養者となるケースが増えている。こうした親と同居する未婚者は2016年時点で、若年未婚者（20―34歳）908万人、壮年未婚者（35―44歳）288万人、高年未婚者（45―54歳）158万人である。壮年未婚者は当該年齢層の16・3％、高年未婚者は同じく9・2％を占めるまでになっている（FNNプライムオンライン「親と暮らす〝中年未婚者〟が増加…彼らはなぜ同居を選ぶのか」2019年1月23日）。徐々に、社会における仕組みから脱落し、人間関係が希薄になり、社会の一員としての存在価値を奪われていく人がいることは問題として認識する必要がある。

これまで日本では高齢者を社会で支えるという「世代間」の支え合いが強調されていたが、人口減少時代には、若い世代の減少が先行するため、「世代内」の支え合いのウェイトを高めていくことが必要である。

たとえば、65歳以上の方々に所得に応じて公的年金の保険料を払い続けていただければ、高齢者や障害者等を年金で支える働き手を増やすことができる。総務省統計局「労働力調査（基本集計）２０１９年」によれば、65歳以上の就業者数は８９２万人であるから、前述した15〜64歳の女性就業者の増加分である１７５万人と合わせれば、支え手が１０６７万人も増えることになる。

介護の労働力不足は深刻であるから、介護を行う高齢者には対価を支払い、自分がしっかり働いて稼ぎを出しているという意識を持てるようにすることによって、高齢者の老化防止にもつなげるべきである。

## 日本の歴史的伝統に立ち返る都市経営

現在、成長論から配分論へシフトする必要性に直面していることは既に示したところである。かつてのようにパイが拡大するのであれば、既得権はそのままにして、増加した部分の配分についてだけ合意すればよいが、パイが拡大しないならば、既得権の奪い合いになる。人口減少社会においては、経済成長自体を目的とするのではないとしても、家計の消費による総需要の拡大、あるいは維持を目標にすべき時代がきているのではないだろうか。その方向性で、各層の妥協と合意形成を図る時期に来ている。

人口減少期に入って新規開発の必要性が低下し、地価が下落し始めると、開発利益に依存した都市経営モデルは立ち行かなくなる。

自然資本については、人間がそれを利用することによって減耗し、劣化損傷するが、自然資本に「投資」（たとえば植林）することで、そのストック水準を上げることも可能である。そして、自然資本の豊かさは、都市の価値を高めることから、最近は「グリーン・インフラストラクチャー」の名で、自然資本への投資が重要視されている。森林の減少や生態系の破壊が、人と動物の接触を増やし、新型コロナウイルス感染症のような人獣共通感染症のリスクを高めていることから、感染症対策としても、公園のような密にならない公共空間も整備すべきだ。国土交通省によれば、一人当たり公園面積は、ロンドン26・9㎡、ニューヨーク18・6㎡に対し、東京都区部で4・3㎡である（「都市公園データベース」ホームページ）。

地域の森林から採れる木質バイオマス資源、河川の流水を利用した水力・小水力発電、太陽光や風力発電等、地域に存在する再生可能資源によってエネルギーを地域で自ら生産し、自分たちが払ってきた電気代・ガス代を地域のエネルギー生産者の収入にできれば、地元には雇用も発生する。たとえば、エネルギー生産に木質バイオマスを使えば、所得は、エネルギー会社からさらに、地元の林業家に還流する。このため再生可能エネルギーへの投資は、地域にとって大いに経済合理性のある投資といえる。

最近論じられることが多くなったドイツの「シュタットベルケ」は、インフラの建設と維持管理を手掛ける独立採算制の公益的事業体である。エネルギー事業で稼いだ収益を元手に、福祉等の他の公益的事業に再投資するのが特徴となっている。収益は株主にではなく、市民サービスとして還元するのである。この方式に対しては、高収益部門で上げた利益で非効率的な事業が温存されることになり、全体として資源配分の非効率が発生している、という批判がある。しかし、ＢＳを必要とする立場からは、収益が公共交通等の市民生活と密接に関係する公益事業に投じられ、効率的に市民に還元されるというべきである。地域の自然資本を生かした再生可能エネルギーに投資することによって、その収益を、地方自治体が独自の「ＢＩ」を導入する財源とすることも考えられる。

このような資金の流れをつくる例としては、東京都が創設した「ソーシャル・エンジェル・ファンド」が挙げられる。これは再生可能エネルギー事業への投資が目的の「東京版ＥＳＧファンド」の管理報酬から、ひとり親や子育て支援、女性活躍・障害者雇用の促進といった社会的課題の解決を手掛ける都内の企業を対象に、出資や融資、寄付といった手法によって支援するものである。また、「ソーシャルビジネス共感融資」制度を設けている京都信用金庫は、京都北都信用金庫、湖東信用金庫及び龍谷大学とソーシャル企業認証制度の創設及び推進に向けた相互協力及び連携に関する協定を締結している。

なお、戦前の日本では、多くの都市で公益企業を公営化していたという歴史がある。その中でも電気事業は最も収益性の高い事業であり、そこから得られる豊かな収益は、一般財源に繰り入れられて社会資本や市民福祉を支える財源となっていた。たとえば、京都では1890年に完成した琵琶湖疏水の水力発電で工場や路面電車の運行が可能になった。また、井手英策によると多くの河川によって豊富な水量が確保できた富山では、1898年、富山電燈株式会社が水力発電所を建設した。東日本の主要都市と比べて、最低レベルの価格水準だった富山市の電気料金に支えられ、産業構造の高度化が可能となったのである（『富山は日本のスウェーデン　変革する保守王国の謎を解く』）。

日本の都市経営の歴史の中に、自治体によるエネルギー事業という伝統があったことを思い出すべきである。地産地消による自給にせよ、大都市圏への「輸出」にせよ、これからの都市経営、地域経営においては、エネルギーの生産は重要な産業なのである。

## エネルギーシフトが地元を豊かにする

環境とエネルギーは社会の安全保障の基盤の一つである。地球温暖化、あるいは気候変動や化石エネルギーの枯渇、核廃棄物の処理の困難性を踏まえると、急速なエネルギーシフトが求められている。エネルギーシフトとは、再生可能エネルギーによる電力への切替えと都市部での排熱利用の拡大が主な内容となる。

独立行政法人石油天然ガス・金属鉱物資源機構の令和元年度ＪＯＧＭＥＣ石炭開発部成果報告会 海外炭開発高度化等調査「世界の石炭事情調査―２０１９年度―」によれば、世界の石炭消費は２０００年に約47億トンだったものが、２０１８年（暫定値）では約77億トンに増えている。つまり、石炭の大規模な消費は産業革命から始まったのではあるが、今生きている私たちの世代が温暖化の主要な原因となっているのである。気候システムはたった一世代の間の人間の活動で、途端に不安定になるほど、とても脆弱である。このため、エネルギーシフトへの公共投資に力を入れる必要がある。

しかし、化石燃料の使用をやめるためには、肉料理や乳製品に偏った食生活から脱するなど、消費者としてやれることもたくさんある。経済的な理由により、なかなかその方向に全力で向かっていないという面もあるが、ＢＩは、このような方向に向かう消費者の選択を後押しする効果もある。

日本でこれらに対応した先進的なエネルギーシステムの構築に成功すれば、世界に向けて大きな貢献ができると同時に、地域経済の活性化も図ることができる。たとえば、太陽光発電のエネルギー変換効率（光を電気に換える割合）は、一般的にシリコン系太陽電池で14～20％程度であるのに対し、小水力発電の効率は75％である。太陽光は、太陽が照っていないと発電できず、発電できる時間が少ないので効率が悪いのに対し、農業用水や下水処理場等、落差を利用する小水力は流量が小さくても24時間発電でき、ベースロード電源の役割を果たすことができる。山梨県北杜市で、稼働している水道管を流下する水道水でマイクロ水力発電をする試みも注目である。風速・風向が頻繁に変わる環境下でも安定した発電が可能な垂直軸型マグナス式風力発電機による風力発電や、温泉等を利用したバイナリー発電も含め、これらは日本の風土に合っている。

再生可能エネルギーにより発電することで、現在、圏外に流出している光熱費を直接的に削減できれば、代金の支払先が変わり、その分の資金を地域で回すことができるようになる。日本が輸入する化石燃料の代金として海外に流出している金額は、平均で年20兆円ほどもあり、これはGDPの4~5%を占めていることになる。木質バイオマス、太陽熱、雪氷熱、地中熱等の熱利用は、域外への遠距離供給には向いていないが、エネルギーの地産地消には向いている。ただし、エネルギーの地産地消であっても、域外からやってきた事業者に収益が流出するのであれば、地域経済が潤わず、環境と経済の両立はできないことに留意する必要がある。

## エネルギーシフトのために電力貯蔵を進化させる

化石燃料等のストック型のエネルギーは、将来起こる危機に対応するための非常用にとっておくべきである。平時には、フロー型の再生可能エネルギー（元をたどれば太陽の内部にストックされたエネルギーに他ならないが）を利用することが、将来世代への遺贈につながる。

すべてのエネルギーを再生可能エネルギーに切り替えるためには、バッテリー、水素燃料電池、揚水装置等、電気を貯蔵するための装置を地域の発電所や送電網に組み込むことは重要である。最近では、電気自動車やコンセントから差込プラグを用いて直接バッテリーに充電できるハイブリッド車であるプラグインハイブリッドカー（ＰＨＶ）と家庭での太陽光発電とを組み合わせ、自立分散型のシステムが実用化されてきている。

調達すべきレアアースが中国に偏在するという問題があるものの、リチウムイオン電池は電力社会において重要であることから、その長寿命化技術の開発は盛んに行われている。

環境省は、全国に物流網を持つコンビニや郵便事業者等が、物流で使う車両をバッテリー交換式のＥＶとする構想を持っている。充電に時間がかかり、効率的にトラックを運用できないという欠点を解消するモデルの構築である。一般の車もガソリンスタンド等のサービスステーションで短時間に交換できるようにすれば、ＥＶの普及も急速に進む。この方式ならば、人口減少に悩む地方や発展途上国への支援策にも有意義なものになる。

さらに、世界各国で激しい開発競争が進む全固体電池は、日本が一歩リードしている。リチウムイオン電池と同じ大きさで3倍のエネルギーを蓄え、製造コストや充電時間が3分の1になる。電極間のイオン移動を担う電解質に固体の材料を用いた全固体電池は、電解質の蒸発による発火リスクや性能の低下がなくなるとともに、作動可能な温度の幅が広く、小さくても多くの電気を蓄えることができる。

しかしながら、全固体電池もリチウムを必要としていることから、定置用では、大容量で自己放電がなく、希少で枯渇する心配があるような資源を必要としないNAS（ナトリウム硫黄）電池も重要である。

## 経済成長に依存しない経済をつくり次世代に引き継ぐ

第5次環境基本計画（2018年4月閣議決定）において、SDGs（持続可能な開発目標：2015年9月の国連持続可能な開発サミットにおいて全会一致で採択）の考え方を活用し、環境・経済・社会の統合的向上の具体化を進めることが重要である旨が明記された。

オックスフォード大学環境変動研究所の経済学者であるケイト・ラワースは、経済成長に依存せずに、環境問題や貧困・格差問題を解決しつつ、豊かで幸福な持続可能社会を構築するためには、経済学のパラダイムシフトが必要だとして、現在の経済学で用いられる図に代わるドーナツ型の図を提案している（『ドーナツ経済学が世界を救う』　ケイト・ラワース　河出書房新社　２０１８年）。簡単にいうと二重丸を描き、大きな円の外側は生命を育む地球のシステムへの負荷（気候変動や海洋酸性化、化学物質汚染等）が限度を超過していることを示す領域であり、小さな円の内側は人類の福祉（食糧や教育や住居等、生活に不可欠なもの）における不足を表す領域とするものである。この二つの円に挟まれたドーナツ型の領域は、環境的に安全で、社会的に公正な範囲であり、この範囲にすべての人を入れるということが21世紀の課題だというのである（前掲書）。

惑星で生物が生きていくためには、適度な温度、気体の酸素の存在、液体の水の存在が必要である。このため、太陽系でいえば地球から火星軌道付近にあり、液体の水が岩石惑星の表面

に安定して存在することが可能な領域は「ハビタブルゾーン」と呼ばれるが、ラワースのドーナツ型の領域はまさに環境、経済、社会におけるハビタブルゾーンである。

ストックホルム・レジリエンス・センター（ＳＲＣ）所長のヨハン・ロックストロームが主唱する「プラネタリー・バウンダリー」とは、定量化された地球の限界値を戦略的枠組みとして定めることによって、環境への負荷が閾値を超えて不可逆な崩壊過程に入らないようにしようとする考え方で、ＳＤＧｓの考え方の基礎となった概念である。突発的かつ壊滅的となり得る変動を起こす値を閾値として定めるアプローチを、気候変動、成層圏オゾン層の破壊、生物多様性の損失率、化学物質汚染、海洋酸性化、淡水の消費、土地利用の変化、窒素及びリンによる汚染、大気汚染またはエアロゾル負荷の9つに適用している（『小さな地球の大きな世界　プラネタリー・バウンダリーと持続可能な開発』　Ｊ・ロックストローム　丸善出版　２０１８年）。その立場からいうと、ドーナツ型の外側の円周が、プラネタリー・バウンダリーを表している。

ラワースは、世界では、9人に1人は十分な食糧を得られず、4人に1人が1日3ドル未満で生活し、若年層の失業者は8人に1人で、3人に1人はトイレがなく、11人に1人は安全な水源がなく、12歳から15歳の6人に1人は学校に行っていない等の例を挙げ、直線的に経済成長を求めることをやめ、不足と超過の両方を避けながら動的均衡に向かうことを主張している

（前掲書）。全人類をドーナツの中に入れるためには、所得と富の格差が拡大する傾向を逆転させる必要がある。ＢＩは内側の円内の社会的土台の下にこぼれてしまっている人をドーナツの中に押し上げるために役立つ。

ラワースは、一国の経済状況を判断する指標としてＧＤＰのみを用いるのではなく、財政的、政治的にＧＤＰの成長自体に依存する「成長を必要とする経済」を改め、「成長にこだわらない経済」を築くことを提唱している（前掲書）。

これからは、資源生産性を高めて、地球の状態を自分が引き継いだときよりも、よりよい状態にして次世代に引き継ぐ責任を自覚できるかどうかが問われる。再生不能な資源をより多く残すこと。温暖化を最小限にとどめること。気候変動の激化が最小限に抑えられること。さらに、危機への対応力、コミュニティの力、さらには未来の寒冷化対策に必要な科学的知識や技術力等も蓄えることが私たちの世代に課せられた責務である。

この観点からは、大気中の$CO_2$濃度や海洋中の$CO_2$蓄積量、気温や海洋の水温の上昇幅、資源生産性、残された化石燃料やウランの量等は、重要な指標となると思われる。世界保健機関（ＷＨＯ）とユニセフが発表した「子供の繁栄指数」ランキングは、世界の18歳以下の子どもについて、健康な生活や良好な教育等を享受できているかを示したものであり、日本は7位にランキングされている。ところが、子どもの将来に重要な影響を及ぼす気候変動への対応を図るため、一人当たりの$CO_2$排出量等を基準にまとめた「持続可能性ランキング」では、159位である。子孫たちにとっては後者も死活的に重要な意味があると認識すべきである。

ラワースは、携帯電話の再資源化を例として、「20世紀の産業廃棄物を21世紀の製造原料に変えていける」循環型経済を提起している（前掲書）。この「循環型経済」と同じような考え方を日本の環境省も提起している。一つは、地域の特性や循環資源の性質に応じて、最適な規模の循環を形成する「循環型社会」である。もう一つは地域で循環可能な資源はなるべく地域で循環させ、それが困難なものについては物質が循環する環を広域化させていき、重層的な地域循環を構築していこうという「地域循環圏」の考え方である。

リサイクルを徹底することで、鉄やアルミニウム等の金属や、リチウムをはじめとするレアメタル等は、可能な限り回収し、文字どおり「都市鉱山」として再利用すべき時代になっている。ヨハン・ロックストロームらによれば、主な金属ごとに世界の生産量が世界の消費量に等しいとした場合でも（しかも現在の消費ペースのまま増えなかったとしても）、アルミが1027年、白金が360年、リンが345年、クロムが143年、タンタルが116年の他は、軒並み数十年しかもたないという（前掲書）。今や廃棄物や下水は貴重な資源なのである。

## 流域（圏）別の広域連合が山や水やエネルギーを管理する

「国土形成」あるいは「まちづくり」については、拡張、拡幅、延長等、拡大志向からなかなか抜け切れないでいる。ようやく最近になって、コンパクトシティ化等、縮小するという発想が定着しつつある。これからは、インフラの更新という重たい課題に直面していかなければならないだろうが、その際には人口減少という局面を考慮して取り組む必要がある。

自然、資源、エネルギーについては、太陽や地球からの贈与を基礎としている。したがって、再生可能エネルギーの分布の特性は、地形、気候、生態系により異なる。このため、地域単位の設定上、最も理想的なのは、バイオマスや表流水等によって、域内でエネルギー自給ができる程度の河川の流域（圏）別の広域連合である。治水、利水（水源涵養、農業、上水道、水力発電）はもちろん、森林管理、下水等の生活排水処理を含めた水循環については、流域（圏）を単位とするのが理にかなっている。

さらに、河川管理、森林管理、エネルギー政策（自給圏の形成等）、交通政策（水運等）、流出係数の管理を含む土地利用計画・都市計画についても、流域（圏）を単位とすることによって本当の意味で総合化できるのである。その上で流域（圏）単位でのカーボンニュートラル、あるいは、カーボンマイナスを目指すことを原則とする。たとえば、廃棄物政策についても、この範囲内で最終処分まで完結させることで、最終処分地を流域（圏）内の各地域に「分配」すれば、ごみの減量化が進むだろう。

河川管理については、近年の水害の多発を受けて、流域治水という考え方に切り替えられつつある。しかし、バイオマス発電のための木材資源の育成や、スマートグリッドの構築等を考えれば、これからはエネルギー政策に関しても流域（圏）管理は避けては通れない課題となる。

次に、森林管理についてであるが、国が定める全国森林計画については、水源涵養、山地災害防止・土壌保全、快適環境形成、保健・レクリエーション、文化、生物多様性保全及び木材等生産のため、森林の有する諸機能が発揮される場である「流域」（44の広域流域）を基本的な単位としている。また、森林は、世界で化石燃料の燃焼により年間に排出される320億トンの温室効果ガスのうち50億トンを吸収しているという重要な機能を果たしており、河川やその上流域とつながる海域での漁場の形成にも深く関与している。

2018年に成立した森林経営管理法に基づき、市町村による「新たな森林管理システム」（森林経営管理制度）が発足したところである。しかし、森林の境界の確定や所有者が不明の森林の所有者の特定や、都道府県が行うことになっている意欲と能力のある林業経営者（経営管理実施権が設定される者）の評価という難しい課題もある。これまで都道府県が中心となって進めてきた森林・林業行政は、市町村では専門職員が手薄であるという問題もあり、広域的な応援体制が設けられている。

森林管理においては、土壌の状態も考慮する必要がある。高田造園設計事務所代表で特定非営利活動法人　地球守　代表理事の高田宏臣は、良好な「土中環境」の重要性について、次のように指摘している。すなわち、多孔質な土壌構造である「団粒構造」を持つ健全な土中環境においては、保水性、透水性、通気性が高く安定しているので、降り注いだ雨が円滑に染み込み、通気浸透水脈を通ってゆっくりと土中を流れる。これに対して、多孔質構造が保たれずに崩壊した「細粒構造」は、水はけも悪い上に土中生物にとっては住みにくく、木々は深くまで根を伸ばすことができない環境となる。団粒土壌の空隙を保つためには、菌類やバクテリアの集合体である菌糸群、つまり「菌根菌」の植物と共生する働きが重要である。そして、分解途中の落ち葉と菌糸、細根の絡んだ状態で数十cmの厚さで林床を覆う「腐植層」が、雨粒による地表への打撃を遮り、表土の流出・崩壊を防いで、土中に円滑に水を浸透させて貯水し、菌糸や微生物が水を浄化する（『土中環境 忘れられた共生のまなざし、蘇る古の技』　高田宏臣　建築資料研究社　２０２０年）。

さらに、元産経新聞論説委員の河合雅司によれば、食糧自給率の低い日本は、食料を輸入することで、本来、食糧生産に必要であった自国の水を使用せずに済んでいた。しかし、たとえば気候変動により、食料の輸出国が水不足に陥り、農産物の収穫量が落ち込んで輸出する余力がなくなれば、日本は立ちゆかなくなる。海外の水不足や水質汚濁にも無関係でいられないのである（『未来の年表 人口減少日本でこれから起きること』（講談社現代新書） 河合雅司 講談社 2017年）。

NATOは国防支出の目標を国内総生産（GDP）比2％以上としている。また、2018年のストックホルム国際平和研究所SIPRIの統計によれば、世界の国防費総額はGDPの2・1％である。日本の防衛費はほぼ1％（約5兆円）だが、さらに1％を少子化対策（自衛隊員の供給を維持する）と地球温暖化防止対策（海外の紛争要因を緩和し、難民の発生を抑制する）の財源として、「準」防衛費として位置づけることを考えてもよいと思う。

## 社会的共通資本は専門家が住民と協力して維持・管理する

まず、都市インフラであるが、日本では都市計画上、市街化区域は都市施設を整備することになっている。全般的に農林水産業等の田園地帯とすることが原則となっている市街化調整区域では、道路等の交通施設、公園等の公共空地、上下水道等の供給処理施設、河川等の水路、学校等の教育文化施設、病院等の医療福祉施設等の都市施設の整備も原則として行われず、市街化区域とは区別される。

日本の全国土（3780万ha）のうち、都市計画区域は、区域数1076、面積は1019万haであり、この中に「非線引き区域」494万ha、市街化調整区域380万ha、市街化区域145万haを含んでいる。現在では、市街化区域は国土の4％弱、市街化調整区域は国土の約1割となっているが、人口の減少する時代における都市計画のあり方を考える必要がある。市街化区域は、それ以外の96％の国土に支えられているのである。

都市計画税は地方税であり、都市部では、税収の7～9％を占めている。この税は、道路・公園・下水道整備等の都市計画事業または土地区画整理事業に要する費用に全額が使われる目的税である。都市計画税は、都市部の土地・家屋に課せられるもので、その税収は都市計画事業、つまり道路や公園、緑地、ごみ焼却場等の「都市計画施設」の整備のために使われる。今後は流域（圏）別広域連合の「広域的都市計画」制度を創設し、エネルギーや水循環に関する事項はその中に位置づけるべきである。

次に制度資本についてである。

たとえば少子高齢社会における、教育、子育て、スポーツ、健康づくり、医療、介護、防災等の多面的な機能を果たせるよう、小学校区や中学校区等を単位として、制度資本を整備することが必要である。

連合自治会は、小学校区である場合も中学校区である場合もあるが、小学校区は地区社会福祉協議会やコミュニティセンター等の地域集会施設の整備の単位であり、中学校区は包括支援センターの単位でもある。ただし、コミュニティの単位は、行政の投資効率や住民自身の活動のしやすさを大切にする必要がある。特に小学校区は、基盤としてＰＴＡ等の活動が継続的に行われ、ＯＢ・ＯＧも多く住んでいる上、小学生が毎日徒歩で通える程度の広さである。このため、高齢者も移動しやすく、備蓄品や荷捌き場、あるいは保健室を充実させておく等の整備によって、災害時にも地域の支援ステーションとして機能しやすいと考えられる。

島根県雲南市の地域自主組織では概ね小学校区ごとに、活動拠点、自主財源等を持つ住民が多彩な活動に取り組んでいる。２０２０年現在、人口約３万７０００人に対し、30に及ぶ組織が活動し、高齢者の見守り、自主防災、買い物支援、交通弱者対策、空き家対策、婚活応援、預かり保育、伝統文化継承等を担っている（全国過疎地域自立促進連盟ホームページ「総理大臣賞　雲南市／小規模多機能自治による市民が主役のまちづくり」）。

また、総務省の「暮らしを支える地域運営組織に関する調査研究事業報告書」によれば、同省が力を入れている「地域運営組織」は、「地域の生活や暮らしを守るため、地域で暮らす人々が中心となって形成され、地域内のさまざまな関係主体が参加する協議組織が定めた地域運営の指針に基づき、地域課題の解決に向けた取り組みを持続的に実践する組織」である。２０１６年10～11月の調査実施時点では３０７１団体あり、主に小学校区（旧小学校区）の範囲で活動している。それらは、高齢者交流サービス、声掛け、見守りサービス、体験交流事業、公的施設の維持管理、名産品・特産品の加工・販売、弁当配達・給食サービス、家事支援、空き家や里山の維持・管理、外出支援サービス等を行っている。

そのほか、全国町村会は、「町村における地域運営組織」（2017年4月）において、住民が立ち上げた地域運営組織の例として、広島県東広島市の小田地区、山形県川西町の東沢地区、長野県飯島町の田切地区、静岡県浜松市（旧天竜市）の熊地区での取組み例を紹介している。

社会的共通資本は、排他的な所有権に馴染まず、市場に任せきりにできないものである。道路や橋梁といった交通施設等のいわゆる社会資本だけでなく、清浄な空気、水、電力、農地・土壌、森林等の自然資本のほか、育児、教育、感染症対策、上下水道、火葬場等の公衆衛生、医療等も含んでいる。また、広い意味では生態系や気候も含まれるだろうし、社会保障制度も社会的共通資本に位置づけられるべきである。経済産業省の定義によれば、スマートコミュニティとは、「様々な需要家が参加する一定規模のコミュニティの中で、再生可能エネルギーやコージェネレーションシステムといった分散型エネルギーを用いつつ、IoTや蓄電池制御等の技術を活用したエネルギーマネジメントシステムを通じて、地域におけるエネルギー需給を総合的に管理し、エネルギーの利活用を最適化するとともに、高齢者の見守りなど他の生活支援サービスも取り込んだ新たな社会システム」である（『スマートコミュニティ事例集』を作成しました〜エネルギーの利活用の最適化を進めます〜」経済産業省ニュースリリース　2017年6月23日)。気候変動の影響を考慮すれば、激甚化する災害に備えて、破損したり、水没したりしない大型のシェルターを建設し、平時には文化・芸術・スポーツ施設等として利用してはどうか。こういったものもこれからの社会的共通資本に含まれるだろう。

社会的共通資本の維持・管理や長期的な視点からの更新計画等の作成・実施については、専門的な知見を持ち、政府から独立した専門家の支援が必要である。

少子高齢化の進んだ地方の農業集落では、65歳〜74歳の人口は既に2000年にピークを過ぎ、75歳以上の人口も2000年で頭打ちになっており、もはや高齢者が地域運営の担い手になることが困難になっている。土地所有者で農業に従事していない者が4割を占め、耕地は遊休化が進行しているが、都市の親族に相続された土地が増えることによって、さらに不在地主化している。JAの店舗やガソリンスタンドも減少し、買い物難民や給油難民が生まれているという。農業集落は既に農家の集まりではなく、農道や農業用水の共同体的規制が働かなくなってきており、コミュニティの崩壊に伴い、社会的共通資本の範囲の拡大、大規模化、複雑・高度化に対応するインフラの維持管理の仕組みを再構築する必要が生じている。

このため、自助、共助、公助だけでなく、コミュニティによる共助と自治体による公助の中間にあたる第4のあり方が構想されてよい。エネルギー等を統括する広域連合のもとでの協同組合やシュタットベルケ等がサービスの主体となることが考えられる。

## 歩いて楽しめる歩行者中心のまちをつくろう

高齢ドライバーによる事故多発を受け、自動ブレーキや踏み間違い時の加速抑制装置がついた「安全運転サポート車」のみを運転できる限定免許の導入により事故の防止が図られようとしているが、今後のさらなる高齢化を見越せば、車を運転しなくても生活に困らないような街づくりが急がれる。

2020年版交通政策白書によれば、生きがいについて「十分または多少感じている」と回答したのは、ほとんど毎日外出する高齢者の場合73・0%であるのに対し、外出頻度が週1日程度の場合52・3%、月2～3日以下では37・2%にとどまっているという。つまり高齢者が生きがいを持てるためには、出かけることがとても大切なことなのである。同白書は、過疎地では、運転免許を持たない高齢者の外出機会が少ないということも紹介しているが、ここでは、都市部でのまちづくりについて考えてみよう。

道路で分断された都市を改め、ヨーロッパの都市で見られるように、高齢者やさまざまな人々が、ごく自然にゆっくり過ごせるような市場、カフェ、広場等の「居場所」が街の中にあるのは、医療施設や福祉施設をつくることにも引けを取らない重要な意味がある。自動車を持たない交通弱者、自転車に乗れない交通弱者を基準とした道路の公園化や、車が通れる道路と歩行者の安全な生活道路に区別することにより、道路の持つ意味を変えていく必要がある。自動車が乗り入れず、ベンチと清潔な公衆トイレが設置され、高齢者が散歩や買い物ができるような方向で、商店街の再生が行われるべきであろう。たとえば、香川県丸亀町商店街で、商店街と高齢者向け住宅等を一体的に整備した例は有名である。

国土交通省は、2019年から街中の歩行空間整備に関する支援策として、人口減少等で中心部の自動車交通量が減少している場合に車道を削減し、その分歩道を広げる場合の整備や、歩道にオープンカフェを設けたりイベントを行ったりする際に必要な電源や給排水設備の整備等も補助対象としている。

また、最近ではコンパクトシティ化に向けた取組みが進みつつある。人口3500人ほどで、面積が6番目に小さい市町村であり、本当のコンパクトシティといってもよい小さな自治体である鳥取県日吉津(ひえづそん)村では、児童館等を中心に子育て関連施設が徒歩5分圏内に集まっており、日吉津版「ネウボラ」を実施している。ネウボラとは、フィンランド語で「助言の場」を意味し、母親の妊娠期から子どもの小学校入学まで、担当の保健師が無料で、子育てに関するあらゆる相談にワンストップで応じる仕組みである（朝日新聞GLOBE　2019年3月12日付『全家庭が無料、フィンランドの子育て支援「ネウボラ」日本にも広がる』)。

## 地域経済を回して日々の暮らしを豊かにしよう

信用金庫と銀行の違いは、全国信用金庫協会によれば、銀行は、①株式会社で、②株主の利益優先、③主な取引先は大企業である。これに対して、信用金庫は、①相互扶助を目的とした共同組織で、②利益第一主義ではなく地域社会の利益優先、③営業地域は一定の地域に限定され、④主な取引先は中小企業や個人という特徴がある(一般社団法人全国信用金庫協会ホームページ『信用金庫と銀行・信用組合との違い』)。

金融機関の預金残高に対する貸出残高の割合を「預貸率」という。預貸率は、預金という形で集められたお金が、どれだけ貸し出しに回されているかを示している。NPOバンク「コミュニティ・ユース・バンクmomo」によれば、2013年4月、全国に270弱ある信用金庫の預貸率が初めて50%を下回り、各地で集められた預金は、その地域の活性化や課題解決に生かせていないと指摘している(コミュニティ・ユース・バンクmomo『わたしのお金は地元で生きている?』)。このことは、地元のためにと思って預けたお金が、地元企業等へ融資されるのではなく、国債の購入に充てられ、国の借金を賄うことに使われていたり、株式に投資されたりしていることを意味する。「コミュニティ・ユース・バンクｍｏｍｏ」が掲げた「地域内〝志金〟循環モデル構想」は、新しいお金の流れを地域に生み出して好循環を生み出そうとする試みである。ＢＩの効果と組み合わせれば、想像以上に大きなお金の流れが地域の中に生まれるかもしれない。

２０１０年にイギリスで始まった「ソーシャル・インパクト・ボンド（ＳＩＢ）」の枠組みも注目されている。この手法は、民間資金を活用し、疾病予防や生活困窮者支援といった社会的課題の解決を目指す取組みであり、行政から業務の委託を受けた事業者に投資家が資金を提供し、行政はあらかじめ設定した成果指標に応じて業務委託料を支払い、事業者は投資家に収益を還元するというものである。

これらの取組みが普及していけば、私たちは地域の住民として、地元の小規模ビジネスに投資することで利益を上げると同時に、自分たちの生活に必要な店舗や企業を支援するという、市民の手による新しい経済の形をつくることができる。

これまでの大きな企業や産業に雇用を頼る経済ではなく、地元の小規模事業者がたくさん、さまざまな形で活躍する地域経済のほうが望ましい。大資本がつくったチェーン店への出費が、地域外にマネーを流出させているのはエネルギー代への支出の場合と同じ構造である。

私たちにも今すぐできることがある

◆ＥＳＧ投資をしよう
◆全国チェーンの店舗ではなく、地元の店で買い物をしよう
◆地元の小規模ビジネスに投資しよう
◆自分がどんな流域に住んでいるか調べてみよう
◆自分の使っている電気はどこからきたのか考えてみよう

地球環境問題や原子力への不信感等によって、世界の将来に関する不確実性が増大する状況において、家族や社会にとどまらず、人類という共同体へ帰属し、人類の安全保障という目的を共有することなしに、私たちは道徳や倫理に抵触せずに生きてゆくことはできなくなっている。

## 5 人類の安全保障

### 気候危機には地球温暖化と寒冷化の両面がある

近年の災害の頻発により、気候変動が身近なものとして実感されるようになってきている。特に最近の気候変動は「気候危機」と呼ばれるほどとなった。人類の滅亡や生物の大量絶滅につながるような危機は、氷河時代（1億～10億年のタイムスパン）、大陸移動（1000万～1億年のタイムスパン）、大規模火成岩岩石区からのマグマ噴出（数千万年のタイムスパン）、氷期と間氷期（10万～100万年のタイムスパン）、巨大隕石・小惑星の衝突（タイムスパンは不定）、地磁気の逆転（タイムスパンは不明だが、最後に起きたのは78万年前）等がある。

このほか、地球の公転軌道の10万年サイクル、地軸の傾きが発生する4万1000年の周期、地軸の向きが円運動する2万6000年の周期（歳差運動）で変化する要素もあり、これらの周期成分はすべて、気候変動と密接にかかわっている。これらの危機には、今のところ対処しようがない。これに対して、温室効果ガスによる大気や海洋の$CO_2$濃度や海水温の上昇に伴う気候変動は、大きな危機ではあるが、人類が対処できる可能性がある数少ない危機である。

今までの経済は、「人間の経済活動は、地球全体に比べてとても小規模である」という前提に立っている。このような一方通行の経済を続けた場合、地球の限界であるプラネタリー・バウンダリーを超え、「ホットハウス・アース」へと向かうことが避けられない。ホットハウス・アースとは、地球温暖化において、人為活動により2℃の温度上昇をすることで、もはや環境の悪化を止めることができなくなってしまった状態のことである。永久凍土の溶解、海洋中のメタンハイドレードの溶出、アマゾンの熱帯雨林の枯死等の自然界の10の「発進装置」に次々とスイッチが入ってしまうのである。温暖化により凍土層が溶ければ、大量のメタンガスだけでなく、未知の太古のウイルスが地上に出てくるという恐怖もある。

もう一つ忘れてはならないのは、地球温暖化の裏側に隠れている寒冷化という危機である。千年、万年、十万年のスパンでは、必ず寒冷な期間が訪れる。また、隕石の衝突はともかく、火山の巨大噴火によって日照が遮られて起こる「火山の冬」は、私たちが生きている間にも生起する可能性がある。たとえば、17世紀のヨーロッパは、小氷期の襲来で農業生産が縮小し、戦争やインフレーション、飢饉等、混乱と不安にあふれ、体格まで小さくなったといわれている。日本でも江戸時代の中後期には、富士山や浅間山の噴火等があり、冷害による飢饉が頻発する不安定な時代があった。ちなみに宮沢賢治は「グスコーブドリの伝記」において、冷害の対策として、主人公に火山の噴火による温暖化を起こさせている。温暖化対策が急を要することは当然だが、他方、将来世代が寒冷化への対策を講じられるよう、石油、石炭、天然ガス、ウラン、メタンハイドレード等の資源の残量を国際的に把握しておかなければならない。

## カーボンコントロールを目標としつつ炭素を回収・貯留する

2020年9月の「20カ国・地域（G20）エネルギー担当相会合」では、$CO_2$排出量を減らすだけではなく、貯蔵や資源として活用する技術を組み合わせ、脱炭素化を進める「循環炭素経済」の普及へ、各国が協調して技術開発を進める方針を盛り込んだ共同声明を採択した。ただし、声明では「化石燃料から出る」$CO_2$を対象としているにとどまっている。直ちに化石燃料の使用等を中止して$CO_2$の排出をなくしても、既に大気中に蓄積された$CO_2$の影響があるため、温暖化をすぐには止められない。そこで、既に化石燃料から排出され、大気中に蓄積されたCO$_2$も回収するために必要なのが、CO$_2$の回収貯留CCS（Carbon dioxide Capture and Storageの略）である。

日本政府は「2050年温室効果ガス排出量実質ゼロ」を表明しているが、排出量を実質ゼロにするためには、CCS等の「脱炭素技術」の開発、普及が必要である。CCSとは、発電所や化学工場等から排出されたCO$_2$を、ほかの気体から分離して集め、地中深くに貯留・圧入するものである。森林や海洋も一種のCCS装置と理解することもできる。

国際エネルギー機関（IEA）の報告書では、パリ協定で長期目標となった「2℃目標」を達成するために、2060年までのCO$_2$削減量の合計のうち14％をCCSが担うことが期待されている（経済産業省　地球環境連携室　CCSの実証および調査事業のあり方に向けた有識者検討会　資料5　2018年6月11日）。貯留されたCO$_2$は、将来寒冷化した場合に、温室効果を得るため再び取り出すことができる貯蔵方法であることが望ましい。

分離・貯留したCO$_2$を利用する技術は、CCUS（Carbon dioxide Capture, Utilization and Storageの略）と呼ばれる。CCUSにおけるCO$_2$の利用先についても、研究が進められており、化学原料の生産に使われることが考えられている。

資源エネルギー庁は、「カーボン・リサイクルの実現により、石炭火力の実質ゼロエミ化を目指す」としている（環境省中国四国地方環境事務所ホームページ「エネルギー政策の方向性」経済産業省・資源エネルギー庁）。しかし、その方法では、永遠に繰り返しリサイクルされない限り、$CO_2$を増やしていることに変わりはない。また将来の寒冷化に備える石炭を減らしてしまう意味でも問題である。資源エネルギー庁は、カーボンリサイクルの主な技術事例として、①人工光合成、②藻類カーボンリサイクル技術、③鉱物化（コンクリート利用）技術の3つをあげている（独立行政法人経済産業研究所ホームページ「カーボンリサイクルについて」経済産業省 資源エネルギー庁 長官官房 カーボンリサイクル室）。①は$CO_2$と水を原材料に、太陽エネルギーを活用して化学品を合成する技術、②は成長した微細藻類を原材料として、ディーゼル燃料やジェット燃料、プラスチックや飼料等さまざまな製品を製造する技術、③はセメントの使用量を大幅削減することにより、製造時の$CO_2$排出を削減するとともに混和材が$CO_2$を吸収するという技術である。

輸送がむずかしいことから利用先が限定されている低品質な石炭である「褐炭」を、次世代エネルギーである水素の原材料として活用しようという「褐炭水素プロジェクト」も始まっている。水素の生産過程で発生する$CO_2$はCCSで回収するという（スペシャルコンテンツ「石油が水素を生む!?『褐炭水素プロジェクト』」経済産業省 資源エネルギー庁）ものである。しかし、褐炭が大量に存在しているオーストラリアのビクトリア州の理論上の埋蔵量でさえ、日本の総発電量の240年分に相当する量「しかない」。

私は、これら以外に四つの方法を提案したい。

一つめは、木造建築や木材を利用した建物が集まる「木質都市」を全国に普及・拡大することである。「木質都市」構想は金沢市が取り組んでいる施策であるが、全国知事会は、国産木材の利用拡大により森林整備を進め、土砂災害防止や洪水緩和につなげるとともに、林業振興による地域活性化を図るため、国に対して要請を行った。このほか、東京都では、木材の大消費地・東京において、新たな木材需要を喚起することで、多摩地域をはじめ全国の森林循環を促進し、林業・木材産業の成長を図ることを目指している。

大規模修繕や建替えが困難な超高層ビルはやめ、木質の建材で可能な程度の高さをビルの限度にし、建築資材は天然のものを基本とするだけでなく、直交集成材CLTやセルロースナノファイバーCNFを活用するといった形でのCCUSである。CNFは、鋼鉄の5分の1の重さで強度は5倍の強度である。多くの$CO_2$を排出するセメントの製造も減らすことができる。

林業は一種のCCUS事業である。植物は、最も安全で効率のいいCCS、CCUS、（人工）光合成装置なのである。天然林は、あまり手を加える必要がないので、生えてくる木を切って利用するという形も可能である。「早生樹」を使った家具づくり等の需要もあるだろう。

二つめは、都市ガス施設の水素ガス施設への転用である。$CO_2$フリー水素は、製造、貯蔵、輸送、利活用のすべてで温暖化ガスを増加させないものである。このため、化石燃料による火力発電を禁止し、水素混焼を経て水素専焼へと転換したらどうか。さらに、低コストで$CO_2$フリー水素を大量に供給できるようになれば、都市ガス管網を転用して水素ガスを住宅や業務用ビルに供給し、燃料電池コージェネレーションシステムによる熱電併給を行うというアイデアである。そうすれば、住宅で太陽光発電設備がなくてもエネファームで発電してＥＶに充電することもできるし、直接、水素をＦＣＶに充填することも可能になる。

三つめは、世界の低緯度地帯では、乾燥地帯に植林して炭素貯留することである。陸域では意外にもサバンナや灌木林などの半乾燥生態系が$CO_2$吸収に大きな役割を果たしている。土壌の$CO_2$吸収量は、陸上植生の3倍、大気の2倍ともいわれている。そこで、乾燥地帯で太陽光発電や風力発電を行い、その電力を使って、海水淡水化を行うとともに、できた真水を内陸部に向けて圧送して灌漑するのである。海水淡水化は国際河川の上流地域と下流地域の紛争回避にも役立ち得る。油田地帯では、化石燃料用パイプラインを転用して淡水を逆送（途中のポンプの動力は、小規模分散型の再生可能エネルギーを利用）してはどうか。また、日本も含め石炭火力発電所の比重の大きい国では、木質バイオマス燃料との混焼を直ちに推進し、完全な非化石燃料発電所への転換方法を検討すべきである。この方式が成功すれば、海外への援助方法の一つのプロトタイプになり得る。

四つめは、カーボンファイバーの活用である。既に航空機の主翼材に炭素繊維が用いられるようになっている。建設業界では鉄筋コンクリートの鉄筋が錆びて劣化することが懸案となっており、鉄筋や鉄骨の代わりに、はるかに軽く、強く、変形しにくいカーボンファイバーが使用できるようになれば、コンクリートの寿命は飛躍的に向上する。また、前述の$CO_2$を吸収する混和材が混ぜ込まれたコンクリートは、炭酸化反応により緻密化し、より硬化なコンクリートとなる。

間違ってはならないのは、$CO_2$排出ゼロやカーボンニュートラルであることは必要条件であって、十分条件ではないということである。化石燃料を燃焼させるとポジティブエミッションであるから、$CO_2$濃度は増えてしまう。$CO_2$の排出量と吸収量を一致させるバイオマス燃焼でもゼロエミッション（カーボンニュートラル）であるから、$CO_2$濃度は下がらない。ネガティブ・エミッション（過去に排出し、大気中に蓄積した分も回収・除去する技術）で、日本が発信している「ビヨンド・ゼロ」と称する発想（世界全体で$CO_2$排出量を実質マイナスにまで削減するコンセプト）を実現することが重要である。たとえば、バイオマス燃焼とCCSを組み合わせれば$CO_2$排出量は正味でマイナスにすることができる。しかし、もっと長いスパンでの寒冷化にも備えるため、貯留した$CO_2$を気候の温暖化にも使えるよう、もう一歩進めて「カーボンコントロール」が可能な世界を目指すべきである。なぜなら、やがては到来する氷期は、人類にとって地球温暖化と同等以上の危機であり、人類その他の生物が大量絶滅の危機にさらされるからである。ネガティブ・エミッションができてこそ、カーボンリサイクルの意味がある。

CCS施設の整備は、$CO_2$排出量に応じたカーボンプライシングで財源を賄うべきだろう。カーボンコントロールが可能になるまでは、寒冷化した際に、温暖化ガスを発生させることのできるメタンハイドレード、石炭、原油、非在来型石油、オイルサンド、オイルシェール等の資源に蓋をして保全しておき、小氷期や「火山の冬」等の寒冷化に対応できるようにして、子孫に引き継ぐべきである。

## $CO_2$フリー水素だけが本当の水素エネルギーである

再生可能エネルギーを使って水を電気分解して得られる水素は$CO_2$フリー水素といわれる。これを輸送や発電に使用すれば、温暖化ガスの削減に寄与する。再生可能エネルギーで発電した余剰電力を使って、水素をつくって貯めておけば、供給電力の時間的なムラをならすこともできる。しかしながら、都市ガスから水素を製造するのであれば、天然ガスは化石燃料の一種であるから、生産された水素も化石燃料の一種と考えなければならない。$CO_2$フリー水素以外は、化石燃料から生産されたエネルギー運搬の媒体の役割を果たすのみになってしまう。化石資源から製造した水素を用いて燃料電池自動車ＦＣＶを走らせても、水素の生産に$CO_2$が副生しているため、「$CO_2$排出ゼロ」等という表現は使うべきではない。なお、ＦＣＶは走行中に取り込んだ空気に含まれる微粒子を回収するという。その少なくとも一部はタイヤから生じたものであるからマッチポンプともいえるが、その機能がないよりはマシである。

水素をつくる方法として本命となるのは、人工光合成により水分子を直接（１段階で）分解してつくることである。人工光合成には、太陽光を光触媒が吸収し、水を直接、水素と酸素に分解する「明反応」と、生成された水素と大気中の$CO_2$からデンプン・ブドウ糖等の糖質を合成する「暗反応」の二つの経路がある。

天然ガスや石油等の化石燃料由来の水素は「グレー水素」「ブルー水素」等と呼ばれ、製造段階では$CO_2$を排出している（ブルー水素はその際の$CO_2$を回収したもの）。数十年から１００年単位の長期間の持続可能性の観点から化石燃料の可採年数を考慮すると、ブルー水素はあくまでも暫定的な使用とすべきである。したがって、風力や太陽光等の再生可能エネルギーによって$CO_2$を排出せずに製造するクリーンな水素である「グリーン水素」を増やす必要がある。再生可能電力が余剰のあるときにグリーン水素をつくると無駄がない。貯めておいた水素で、必要なときに発電などに使えるばかりか、エネルギーが不足する地域や国に輸出することもできるというメリットがある。

$CO_2$フリー水素があれば、製鉄業でも製造過程で$CO_2$を排出しない「ゼロカーボン・スチール」も実現できる。

石油は、アスファルト、プラスチック、ポリエステル、ゴム、クレヨン、化粧品、風邪薬等の製品をもたらしてくれるが、これらの製品も脱石油化を図らなければならない。$CO_2$フリー水素を使って、$CO_2$から有機化合物を合成する暗反応では、外部からのエネルギー供給は不要で、逆に114キロジュール／molの熱を取り出すことができる。有機化合物の原料がすべて$CO_2$であるので、最大量の$CO_2$の資源化が可能になり、最も$CO_2$削減効果が大きい。これが人工光合成を用いた化学原料製造の最終的な目標である。つまり$CO_2$を減らすのと同時に、プラスチックや熱を取り出すことができるのである。

## プラスチック問題は気候変動にも大きくかかわっている

プラスチックは石油からつくられるが、年間3億トン以上生産されている。現在、原料として石油生産量の約4％、加えて製造のエネルギーに約4％が使われている。さらに2050年には生産量は4倍に達するという（『プラスチック汚染とは何か』（岩波ブックレット）枝廣淳子　岩波書店　2019年）。しかし、プラスチックの生産は最小限まで減らさなければならない。なぜならば、プラスチックには、思いどおりの特性を与えるためさまざまな化学物質が添加されるため、汚れも落ちにくく、そもそもリサイクルには向いていないからである。最終的にプラスチックを燃やせば$CO_2$を排出するし、生分解性プラスチックならば水と$CO_2$に分解され、地球温暖化を進めることにもなる。「サーマルリサイクル」と称してプラスチックを燃やしてしまうよりは、将来の寒冷化に備え、そのまま貯蔵しておくほうがよいかもしれない。

プラスチックをはじめとする廃棄物については、生産者が使用済み製品を回収、リサイクルまたは廃棄する責任を負い、その費用も負担するという「拡大生産者責任」の考え方を徹底し、生産者を循環型経済へ誘導することが必要である。

技術の進歩により、ペットボトルについては、新品に近いペットボトルに再生できるようになった。このため、現状においてプラスチックを回収しリサイクルすることはもちろん重要だが、これからはプラスチックの生産と使用そのものを減らす段階である。ペットボトル等はガラスのリターナブル瓶に、ラップは蜜蝋ラップに、食品トレー等は経木（スギ・ヒノキ等の材木を紙のように薄く削ったもの）や竹皮に替えるといった取組みが望まれる。

次に、海洋プラスチックとマイクロプラスチックの問題がある。海洋に蓄積してしまったプラスチックは、できる限り速やかに回収しなければならない。海洋のプラスチックごみは、このままのペースで増え続ければ、２０５０年には、魚の重量を超えると予測されている。プラスチックを食べると、添加剤由来の化学物質が生物内で濃縮していく。人間は、飲食に際してプラスチックの容器を使うことによって、添加剤に含まれる有害な環境ホルモン（内分泌かく乱物質）に少しずつさらされている。ペットボトル入りの飲料水からもマイクロプラスチックが検出されている。その上マイクロプラスチックを取り込んだ魚介類を食べ続けることでも、有害汚染物質を体内に蓄積しているのである。

海は、人間活動によって放出された$CO_2$の30％以上を吸収している。海面近くにいて、$CO_2$を取り込んだプランクトンが死骸や糞となって深い海に沈降していく。結果として炭素を含む有機物が海底へと運ばれることで、大気中の$CO_2$が深海に固定される「生物ポンプ」と呼ばれる仕組みである。ところが、プランクトンがマイクロプラスチックを体内に取り込むと沈みにくくなったり、沈む速度が遅くなったりする可能性がある。そうなってしまうと、$CO_2$濃度の上昇が速くなってしまう。

私たちは、プラスチック問題を単に「ごみ問題」として捉えてはならない。プラスチックの使用が将来の寒冷化への対応策を狭め、地球温暖化へもよくない影響を及ぼしていることも自覚すべきである。日常生活で、プラスチック製品をできるだけ使わないよう心がけることも、子孫に貴重な遺贈を行うことにつながっている。

これからますますＩＴ、ＡＩ、ロボットテクノロジーが進化し、普及していくことだろう。それらの技術を実り多いものにしていくためには、エネルギーシフトが必要であるが、オキシトシン・リッチな環境が伴っていることも重要である。

## ＩＴ、ＩＣＴ、ＩｏＴの進展は人類の危機を深める

### （ＩＴ化・情報化によるエネルギー問題の深刻化）

最近は、デジタルトランスフォーメーション（ＤＸ）という言葉を目にすることが多いが、ＩＴ、ＩＣＴ、ＩｏＴの進展は、エネルギー危機、とりわけ電力供給不足をもたらす可能性がある。今後のＩＴやＡＩの発展の最大のボトルネックは電力・エネルギーの制約である。内閣府の「令和2年版高齢社会白書」によると、高齢者の年齢階級別インターネット利用率でさえ、60～69歳が76・6％、70～79歳でも51・0％と過半数を超えるまでに普及している。

Society 5.0やIndustry 4.0という言葉で表される情報化社会の進展、特にＩｏＴやＡＩ、ビッグデータ利用の拡大、今後導入される自動車やドローンの自動運転等のロボットテクノロジーの普及に伴って、従来の予想をはるかに超える膨大なデータが取り扱われ、より多くの電力が必要となる。

IT関連の消費電力予測

| IT関連消費電力予測 | 2016年 | 2030年 | 2050年 |
| --- | --- | --- | --- |
| IPトラフィック（ZB/年） | 4.7 | 170 | 20,200 |
| 消費電力（国内：TWh/年） | 41 | 1,480 | 176,200 |
| 消費電力（世界：TWh/年） | 1,170 | 42,300 | 5,030,000 |

出典）国立研究開発法人科学技術振興機構　低炭素社会戦略センター（低炭素社会の実現に向けた技術および経済・社会の定量的シナリオに基づくイノベーション政策立案のための提案書）技術普及編「情報化社会の進展がエネルギー消費に与える影響（Vol.1）－IT機器の消費電力の現状と将来予測－」（2019年3月）表8

国立研究開発法人　科学技術振興機構　低炭素社会戦略センターは、「情報化社会の進展がエネルギー消費に与える影響（Vol.1）―ＩＴ機器の消費電力の現状と将来予測―」において、２０１９年の世界の消費電力は約24ＰＷｈ（Ｐ＝ペタ（peta）はテラ（tera）の１０００倍）であるが、世界の情報量（ＩＰトラフィック）は２０３０年には２０１９年の30倍以上、２０５０年には４０００倍に達すると予想している。現在の技術のまま、まったく省エネルギー対策がなされないと仮定すると、２０３０年には情報関連だけで年間42ＰＷｈ、２０５０年には５０００ＰＷｈと、情報関連だけで世界のすべてのエネルギーを消費してもまだ不足する可能性がある。国際再生可能エネルギー機関（ＩＲＥＮＡ）の試算では、世界の電力需要は２０５０年には２０１７年の２・２倍になるという（２０２１年３月１日付　日本経済新聞電子版）。

さらに、日本はもちろん、世界でもガソリン車やディーゼル車の新車販売禁止の流れの中、２０３０年代までには内燃機関

国土面積と再エネ導入量

| | ドイツ | ノルウェー | 日本 | カリフォルニア |
|---|---|---|---|---|
| 国土面積（万km²） | 35 | 37 | 38 | 42 |
| 再エネ発電量（億kWh） | 1,900 | 1,450 | 1,600 | 800 |
| 面積当たり再エネ（万kWh/㎢） | 54 | 40 | 41 | 19 |
| 需要規模（億kWh） | 6,400 | 1,500 | 10,500 | 2,000 |
| 再エネ比率（%） | 29 | 98 | 15 | 40 |
| 人口（万人） | 8,128 | 525 | 12,700 | 3,917 |
| 人口一人当たり再エネ発電量（kWh/人） | 2,338 | 27,619 | 1,260 | 2,042 |

出所）第15回中国地域エネルギー・温暖化対策推進会議資料「エネルギー政策の方向性」（2019年11月）P7（(参考）国土面積と再エネ導入量（2016年）IEA、EIA、World Bank、総務省統計など各種データより資源エネルギー庁が作成したもの）をもとに著者作成

がモーターに置き換わっていくことも確実となった。安全で使いやすいことや、電子・情報機器の一層の普及拡大に伴って、電力は今後もさらなる需要の増大が見込まれる。

このような予測も織り込んだ上で、省エネや未利用エネルギーの活用を急ピッチで行う必要がある。たとえば、区民や区内の事業所を対象に、対前年比で達成した電気・ガス使用量の削減率に応じ、区内共通商品券と交換が可能なポイントを付与するという東京都板橋区の事業は注目すべき取組みである。さらに系統間の連携線をグリット型にするだけでなく、スマートメーターを普及させ、需要側からも電力量をコントロールできる送電網であるスマートグリッド、地産地消に適したマイクログリッドの導入を急ぐべきである。これらが進捗すれば、再生可能エネルギーを電力系統に入

れることが容易になるだけでなく、停電しにくく、1日の中でピークシフトしやすくなる。また、スマートメーターからの情報は電力事業者だけでなく、自治体等にとって高齢者の見守り、空き家の把握等の効率化にも意義がある。

資源エネルギー庁によれば、2016年の国土面積と再エネ導入量を日本と同程度の国等で比較すると、前ページの表のとおりとなる。日本は、面積あたり再エネ導入は高水準だが、需要が大きいため再エネ比率は上げにくい。これを引き上げるためには、電力需要を減らす必要がある。そのために必要なことは、①省エネ、ネット・ゼロ・エネルギー・ハウス（ZEH）化、ネット・ゼロ・エネルギー・ビル（ZEB）化を進めること、②太陽熱や地熱やバイオマス等の熱利用を増やすこと、③蓄電池・蓄熱装置の普及を図ること、と整理することができる。また、日本の再エネの主な内訳は、水力800億KWh、太陽光500億KWh、バイオマス200億KWhである。これを考慮すると、日本が戦略的に再エネ化するためには、①ベースロード電源とすることが可能な水力・小水力発電を増やすこと、②森林を減少させない範囲で需要に合わせて発電時間の調整が可能なバイオマス発電を増やすこと、③太陽光発電の余剰電力で水を分解し、必要なときに必要なエネルギーを供給できる水素エネルギー社会を築くこと、が必要である。

なお、都市に多く存在する未利用エネルギーには、

①生活排水・中下水熱
②清掃工場の廃熱
③超高圧地中送電線からの廃熱
④変電所の廃熱
⑤河川水・海水の熱
⑥工場の廃熱
⑦地下鉄や地下街の冷暖房廃熱
⑧雪氷熱

等、捨てられる熱が多いので、有効に活用すべきである。

**（生殖革命とIT革命による回避型人類の増加）**

岡田尊司は、愛着システムの崩壊と回避型愛着スタイルの増加という危機は、精神的な領域にとどまらず、生物学的な生存の土台を蝕むという点できわめて深刻であると指摘している。その論旨は次のとおりである。

親が忙しすぎて子どもの面倒をみる暇がない等、愛着が希薄になると、その状況に適応するよう回避型の子どもになる。彼らは、温もりのある愛情や手厚い世話を期待せず、自分で何とかしようとするようになり、世話にもならない代わりに、自分のことだけを考える。

彼らが親になったときの子育ては、面倒な手間はできるだけ省き、自分自身の人生を何よりも優先する。その結果、子どもは愛情不足から愛着障害になるか、回避型になる。こうして一世代後には、回避型の大人がさらに増え、社会には急速に回避型の人が増えていく。

しかし、ここまでの変化であれば、可逆的な変化に過ぎない。また、回避型は、恋愛やセックスへの意欲やスキルの乏しさ、人付き合いより仕事を好む傾向、晩婚化や非婚化、育児よりもゲームが好きといった特性のため、子孫を残すことに積極的でなく、一時的に増えても、やがて減っていく運命にある。

ところが、顕微授精をはじめとする生殖革命により、回避型人類の急増が可能になったのである（『ネオサピエンス　回避型人類の登場』　岡田尊司　文藝春秋　2019年）。

事実、2020年9月30日付読売新聞オンラインは、2018年に国内で行われた体外受精で生まれた子どもが約5・7万人と過去最多を更新し、15人に1人が体外受精で生まれたことになると報じている。2000年の1・2万人の約5倍弱である。

そして、さらにそこへ、もう一つIT革命という人類の歴史を画する出来事が起きた。

「忙しい親から放っておかれた人々や、夫や妻からかまってもらえない人たちや、出会いのない寂しい人たちが増えて、回避型愛着が社会に広がり始めた、まさにそのとき、ＩＴ革命は起きた。干天に慈雨が降り注いだように爆発的に支持され、インターネットやＩＴ機器がたちまち社会に浸透していったのは、時代が求めていたが故だと言える。それは、回避型人類を、もはや後戻りできない不可逆的なゾーンへと押し出した瞬間でもあった。」

（『ネオサピエンス 回避型人類の登場』）

岡田によれば、ＩＴ革命の生物学的な意味は、脳神経回路を組み替えるとともに、愛着システムを変容させてしまうことである。それは現実の人間関係を希薄化させ、情緒的な交流や親密なつながりを失わせていく。やがて、行動や認知のレベルだけでなく、脳の構造の変化や遺伝子レベルの変化を引き起こす。愛着システムや共感システムが未発達なままであると、それらに関する遺伝子は、メチル化という現象を起こして発現しなくなり、使われない遺伝子は変異が蓄積して、遺伝子としての機能を失っていく（前掲書）。

明和政子によれば、養育者との現実空間では、乳児は内受容感覚と外受容感覚の統合を促す経験を得ている。内受容感覚とは抱かれ、授乳されると身体内部に心地よい変化を感じることで、外受容感覚とは目を見つめられ、多様な表情変化を見せられ、声をかけられながら、養育者の匂いを感じることである。これに対し、これから急速に普及していくだろう子育てＡＩロボットの働きかけでは、乳児は視覚情報と聴覚情報に偏った外受容感覚だけしか経験できない点で、実際の親子とはかなり異なる育ちをすることになる（『ヒトの発達の謎を解く—胎児期から人類の未来まで』）。赤ちゃんは、人と直接対面した丁寧なやりとりがなく、メディアから一方的に語りかけられるだけでは、言語をよく学べない（『ことばの発達の謎を解く』（ちくまプリマー新書）　今井むつみ　筑摩書房　２０１３年）。

岡田は、愛着を重視したライフスタイルを取り戻そうとする人々が、より多くの子孫を残すチャンスに恵まれる結果、愛着システムを守ろうとするライフスタイルが、再び社会で優勢になるという可能性に期待を寄せている（『愛着崩壊 子どもを愛せない大人たち』）。そのためには、オキシトシン・リッチな分人をつくり、家庭をつくり、社会をつくっていくことが欠かせない。子育てで困っている親に対して、個別に対応するだけではなく、オキシトシン・システムに支えられた家庭を築くためのトレーニング・プログラムを提供する仕組みがＢＳの一つとして整備されることが重要である。

**（人間らしい情緒的活動の発達と遊びの質）**

明和政子によると、情緒的活動において重要な役割を担うのは、喜怒哀楽といった情動の中枢である偏桃体である。幼少期の不適切な養育経験が、扁桃体の構造上の発達に影響することは間違いない。感情への気づきは、他者との相互作用経験なしには起こり得ない。生まれてから誰とも接することなく育った子どもは、相手から自分の生理反応を観察され、フィードバックを受ける経験が得られないのである（前掲書）。遊びの中で、他者との交わりによって、思わず大声を上げて笑うような楽しさを経験し、蓄積することで、人間的に解放され、他者とのかかわりに積極的になれるのではないだろうか。

明和によると、一般的に感情と呼ばれるものは、大きく二つに分けられる。一つは、身体の内部状態の変動によってもたらされる無意識な「情動（emotion）」、もう一つは、意識可能な「感情（feeling）」である。前者の「情動」は、自律神経系の反応によって生じる無意識の生理的変化で、たとえば恐怖を感じるときには自然と心拍数が上昇し、瞳孔が大きくなるといったものである。他方、後者の「感情」は、そうした生理反応が生じた原因を主観的に推定する意識的体験である。つまり、感情が意識に上るということは、生理反応が生じた前後の文脈から、脳がその原因を解釈した結果であり、感情は、ヒトが独自に持つ心の働きでもある。前頭前野の感受性期にあたる思春期は、現実空間でさまざまな価値観を持つ人と向き合い始める時期として、悩みながらも相手の心を理解しようと奮闘する対人トレーニング期間である。しかし、仮想空間はそうした経験を避け、逃げ込むことのできる選択肢を与えてしまう（前掲書）。

思春期に自分自身の欲望に目覚めることは、他人の欲望に気づくことでもある。このため、それらの過程は、大人になるために必要な過程であると同時に、不信と怒りにとらわれやすい、危うい時期でもある。しかし、その段階を克服しなければ、一人前の大人になれない。大人になる入口で、程度の差はあれ、子どもは「悪いこと」を覚えたり、親に反発したりするものである。その過程を触媒するのが、同世代の友だちとの「遊び」である。そこで、「チョイ悪」を経験できたものは、抑圧された自己の「影」の部分を取り込んで自我に統合し、大人へと脱皮するのである。

また、岡田尊司は、小児科医で精神分析医のドナルド・ウッズ・ウィニコットが、「遊び」は個人と他者や外界との中間領域で起こることに注目して、それが子どもの成長や治療において果たす役割を強調したことを概ね以下のように紹介している。

最近の研究では、暴力的シーンの多いゲームで遊ぶことだけでなく、ゲームで長時間遊ぶこと自体が、高い攻撃性や敵意、ケンカ等の暴力行為と関係があるとされている。そこには、遊びの変質による子どもたちの心の変容が深く関わっているようである。中学生の女の子たちの「遊び」において、最も重要な位置を占めるのは、他の子とのコミュニケーションを伴う遊びである。コンピュータを相手にするゲームのようにこの要素がない、あるいはメールのようにこの要素ばかりに偏るところに、現代の「遊び」の不幸がある。

「遊び」は個人と他者や外界との中間領域で起こる。「遊び」が子どもの成長や治療において果たす役割は大きい。こうした「遊び」の移行機能は、まず、個人と社会や外なる現実を結ぶ中間の領域である。また、安全を保障された自由な試行錯誤の場である。さらに、現実世界と想像世界が結び合う領域に生起する。このことによって、子どもの注意や関心を緩やかに世界や他者へと誘い、豊かな共感世界を育てて、社会や現実への出発の準備をするのである。そのためには自分でない存在とつながり、体験や思いを共有することの醍醐味を体験できる居場所、場が必要である。ところが、現代の子どもたちの遊びには、本来含まれる自分と他者を結ぶ架け橋となる部分が、急速に失われている。(『悲しみの子どもたち―罪と病を背負って』)

世界保健機関(WHO)は2019年5月、ゲーム依存症を疾病として認定した。厚生労働省が2019年11月に発表した実態調査結果では、10、20代の約12％が休日に6時間以上ゲームをしていることが明らかになった。

さらに、横浜市副市長(医療・福祉・教育担当)を務めた前田正子によると、幼稚園に来る4歳まで、子どもと母親とが2人きりで過ごし、家の中でゲームやDVDを見ている子どもが急速に増えているという。こうした子どもは外でたっぷり遊んで身体を動かすことがないので、運動能力が十分発達していないだけでなく、他の子どもとのかかわりができない子どもになる(『保育園問題―待機児童、保育士不足、建設反対運動』(中公新書)　前田正子　中央公論新社　2017年)。

インターネットが急速に普及し始めたのは1990年代中ごろである。また、日本のスマートフォン市場が一気に拡大したのは、iPhoneが発売された2008年頃からである。この頃から、大人だけでなく、子どもたちを取り巻く環境も劇的に変化し、スマートフォンに携帯ゲーム機、タブレット等の電子端末機器は、今や当たり前のように使われている。明和政子は、この時期に思春期を迎え、スマートフォンを使い始め、こうした環境の中で脳の感受性期を経て成長してきた子どもたちの脳に、何かしらの変異が生じ始めている可能性は否定できないとしている（前掲書）。

一方で、障害者も参加しやすいように改造コントローラーを使用した障害者限定の全国大会も開かれるなど、参加の垣根が低くなりつつあるeスポーツの全国大会等も増えている。この新しい「スポーツ」は、リハビリ効果も期待され、ハンディを克服しながら人とつながるツールにもなる。eスポーツのプロたちが、現実世界では、監督やコーチを置き、チームを編成した上で、週休2日制とし、筋トレやオフ会でのコミュニケーションも取り入れているのは、共感的な裾野を広げるための工夫であろう。

## 脳の感受性期に提供する環境が人類の未来を大きく左右する

現代社会に起こっている子育てにまつわる深刻な問題に対して、社会が総力を挙げて早急に取り組むべきことは自明である。

明和政子によると、ヒトは出生直後から、養育者から積極的に提供される多くの感覚情報を受けて育つが、脳の感受性期の開始と終了のタイミングは脳の部位により異なっていて、視覚野や聴覚野では発達初期に始まり、生後8年までには終わるが、前頭前野の感受性期は25歳あたりまで続く。環境の影響を特に受けやすい脳の感受性期は、言い換えると脳の発達が可塑的な時期でもある（前掲書）。

岡田尊司は、子どもたちは、大人が、社会が育てたように育つという。子どもに、薬物、売春、暴力、憎しみ、自分勝手な心を教えたのは、大人であり、この社会であるとして、次のように慮る。すなわち、子どもが間違った行動をするということは、子どもを育んできた大人や社会の姿勢にも問題があったということである。これは子どもに厳罰を与えれば片づく問題ではないことは明らかである。社会はその部分を点検し、自ら正していく必要があり、そこを変えていくために、今まさに社会の認識と力が必要なのである。

最近の若者全般に見られる傾向は、輝かしい自分を心の中で強く求めていることである。つまり、輝かしい自分でなければ、あまり価値がないと思い込んでいる。多動型の非行少年のように、小さい頃から叱られ否定され続けてきた子どもだけでなく、親の気持ちや顔色に振り回されてきた子どもたちも、親の操り人形のように育てられ、受動的で人とのつながりを楽しめない回避型の少年も、自分に対して否定的な評価を抱いている（前掲書）。

家庭に限らず、「居場所」があり、「自分はありのままの自分でよいのだ」という無条件の自己受容を獲得することが重要である。感受性期という脳が集中的に発達する特別な時期に、子どもたち、青少年にどのような環境を提供していくかが人類の未来を大きく左右する。

なお、ＡＢＣ兵器（核兵器、生物兵器、化学兵器）が存在する現代においては、これらの兵器が衝動的に使用されることがないよう、安定した愛着に支えられ、「実行機能」が養われた社会を築くことが人類の安全保障につながっている。そういった意味でも、人間の安全保障、家族の安全保障は人類にとって一層重要になる。

**私たちにも今すぐできることがある**

◆遠い未来の子孫に何を遺すか考えよう
◆今の自分でよいと思える居場所をつくろう
◆プラスチックごみを発生させないようにしよう
◆食品ロスを少なくしよう
◆気づいたときから愛着を育てよう

広井良典によると、2019年度の政府の予算（一般会計歳出）全体の101・5兆円の中で、借金の返済に充てている部分（国債費）が23・3兆円、地方に回している部分（地方交付税交付金）が16・0兆円ほどあり、したがってこれらを除いた正味の政府の予算（一般歳出）は62・0兆円である。その中で社会保障の予算は34・1兆円で半分以上（55％）を占めている。他の項目を見ると、無駄が多いといわれてきた公共事業は規模としては約7兆円、防衛費が約5兆円であるから、社会保障というのは際立って大きな、文字通り「国のかたち」を決める項目といっても過言ではない存在になっている（前掲書）。

BIは、給付額としては、すべての所得階層に対して平等であるとともに、それによってもたらされる幸福は、所得階層の低い人ほど大きくなるのであり、平均的な市民の幸福感と社会への帰属感を維持し、改善するために大きな役割を果たすことになるのである。

買う側にお金がなければ新たな市場も成り立たない。本稿で論じたBIポイント制度や個人金融資産税制度は、若い世代への所得移転と、過剰な貯蓄の消費への移転という課題を一括して解決することができる。若い世代の所得が増えないと、結婚もできない、子どもも産めない、自分の人生、将来に希望が持てない。それでは社会全体の活力が失われる。私たちが生きづらさの少ないオキシトシン・リッチな環境を生み出す上で、もっとも重要なことは、私たち自身や家族や社会が安定した愛着と安全基地に支えられるということである。ＢＥＳはそのための重要な手段である。

「令和2年版高齢社会白書」によると、約4分の3（74・1％）の高齢者は心配なく暮らしている。ところが、今後の生活で、経済的な面で不安なことを聞くと、約3分の2の人は何らかの不安を抱いている。つまり、心配ない暮らし向きの人が多くを占める一方で、状況の変化による経済的な影響に不安を感じている人が多いのである。したがって、目指すべきは、万一のときの不安をＢＩやＢＳで解消するとともに、金融資産税で子や孫といった若い世代への貢献を増やしていただくことである。

また、現在は、人類による「6度目の大量絶滅」が進行中だといわれている。生態系がダメージを受けることによって人類そのものも「絶滅危惧種」になってしまっているのだ。人類という強毒化したウイルスが、愚かにも地球という宿主を死に追いやっているようなものであるから、宿主と共生できるようこのウイルスを弱毒化する必要があるのである。

人類の絶滅を回避するためには、未来の世代への分配を計画することが必要である。今、使わないことで、将来への遺贈とするものには、化石燃料、メタンハイドレート、原子力、抗生物質（耐性菌を増やさない）等がある。また、フローを使うことで、ストックを子孫に残すものとしては、木材を使用し、持続可能な森林経営を残すこと、再生可能エネルギーを使用し、化石燃料を残すこと等である。既に採算の合う安い石油の生産は限界に近づいている。石油を原料とする燃料、肥料、プラスチック、医薬品、化粧品、合成繊維、道路の舗装材等が高騰し、入手困難となる前に、非石油資源を開発し、実用化しておくべきなのである。私たちは、子孫たちとの間に忠実義務に基づく信任関係を結ばなければならない。

ビヨンド・ゼロを実現し、「カーボンコントロール」を可能にするのに必要なインフラへの投資はもっと重視されるべきである。将来の子孫たちの世代に必要な投資は、まさに国債を発行して行うべき性質の投資だといえる。

世界に目を移せば、地方と似たような立場にあるのはいわゆる発展途上国である。世界で飢えに苦しむ人の8割は、食料の純輸出国に住んでいる。こうした国で人々が飢える理由は、そこでつくられる食料が、自国民が払える額よりもずっと高値で国際市場において取り引きされるからだ。この問題は確かにより根本的な課題であり、先進国でのＢＩの導入と並行して議論されていく必要があるだろう。

これまでの考察を踏まえて、これからの政治システムを考えてみると、①政府（外交・防衛等）、②社会保障基金（雇用・労働の場の政府：社会保険・現金給付・ＢＩ）、③流域（圏）連合（安全確保の場の政府：自然資本・エネルギー・防災減災）、④地方政府（生活の場の政府：現物給付・対人社会サービス・教育・医療）の４層からなる政治システムとするのが妥当ではないか。参議院は社会保障基金の議会とし、保険料、ＢＩやＢＳの水準を所管する。流域（圏）連合はここに国の出先機関を統合し、より多角的な事務処理が可能で、選挙により住民が関与できる広域連合（「広域連合　広域連合の特色」総務省ホームページ）を想定したいが、一部事務組合が運営するということも考えられる。

文化人類学者でロンドン・スクール・オブ・エコノミックス大学人類学教授のデヴィッド・グレーバーは、『負債論　貨幣と暴力の５０００年』（酒井隆史監訳　高祖岩三郎訳　佐々木夏子訳　以文社　２０１６年）において、ローマ等の古代世界では、奴隷であることは社会的紐帯とそれを形成する能力の消滅を意味していたと指摘している。その意味では、現代日本に生きる人々は、古代世界に近い状況に直面しているといえよう。そうであるなら、「自由であることは、友をつくること、約束を守ること、平等な共同体のなかで生きることを意味」し、「それに付随するあらゆる権利や責任とともに、市民共同体に根をおろすことを意味した」というグレーバーの指摘は、現代人にとってもＢＥＳで自由を手にした後の大事な課題を示しているだろう。

最後に、フランス大統領顧問、欧州復興開発銀行の初代総裁等の要職を歴任したジャック・アタリの指摘を引用して、本稿のまとめとしたい。

「すべての人々ができる限りよい食事を楽しめるようにすることが急務だ。ただし、食と文化は切り離せないことを忘れてはならない。そして誰もが一日に数回、常識的な時間に好きな人たちとすごせることも必要であり、そのための場所と時間を確保しなければならない。なぜなら、誰もが食の意義や地球環境を保全する方法などの重要な課題に考えをめぐらせる必要があるからだ。」

（『食の歴史——人類はこれまで何を食べてきたのか』
ジャック・アタリ　林 昌宏訳　プレジデント社　2020年）

## ＊参考文献

・貨幣論（ちくま学芸文庫）岩井克人　筑摩書房　1998
・二十一世紀の資本主義論（ちくま学芸文庫）岩井克人　筑摩書房　2006
・資本主義と倫理　分断社会をこえて　岩井克人　生源寺眞一　溝端佐登史　内田由紀子　小嶋大造　東洋経済新報社　2019
・岩井克人「欲望の貨幣論」を語る　丸山俊一　NHK「欲望の資本主義」制作班　東洋経済新報社　2020
・新訳 バブルの歴史 ――最後に来た者は悪魔の餌食（ウィザードブックシリーズ）エドワード・チャンセラー　長尾慎太郎監修　山下恵美子訳　パンローリング　2018
・ガルブレイス―アメリカ資本主義との格闘（岩波新書）伊東光晴　岩波書店　2016
・新しい資本主義 希望の大国・日本の可能性　原 丈人　PHP研究所　2009
・「公益」資本主義 英米型資本主義の終焉（文春新書）原 丈人　文藝春秋　2017
・税金を払わない巨大企業（文春新書）富岡幸雄　文藝春秋　2014
・消費税が国を滅ぼす（文春新書）富岡幸雄　文藝春秋　2019
・アダム・スミスの誤算（―幻想のグローバル資本主義（上）PHP新書）佐伯啓思　PHP研究所　1999
・ケインズの予言（―幻想のグローバル資本主義（下）PHP新書）佐伯啓思　PHP研究所　1999
・経済学の犯罪　稀少性の経済から過剰性の経済へ（講談社現代新書）佐伯啓思　講談社　2012

・資本主義の終焉と歴史の危機（集英社新書） 水野和夫　集英社　2014
・資本主義の終焉、その先の世界（詩想社新書）水野和夫 榊原英資　詩想社　2015
・過剰な資本の末路と、大転換の未来　なぜ歴史は「矛盾」を重ねるのか　水野和夫　徳間書店　2016
・閉じてゆく帝国と逆説の21世紀経済（集英社新書）水野和夫　集英社　2017
・20億人の未来銀行 ニッポンの起業家、電気のないアフリカの村で「電子マネー経済圏」を作る　合田 真　日経BP　2018
・貨幣進化論―「成長なき時代」の通貨システム（新潮選書）　岩村充　新潮社　2010
・中央銀行が終わる日　ビットコインと通貨の未来（新潮選書）　岩村充　新潮社　2016
・金融政策に未来はあるか（岩波新書）　岩村充　岩波書店　2018
・デフレの正体 経済は「人口の波」で動く（角川新書）　藻谷浩介　KADOKAWA　2010
・ドーナツ経済学が世界を救う　ケイト・ラワース　黒輪篤嗣訳　河出書房新社　2018
・食の終焉　ポール・ロバーツ　神保哲生訳　ダイヤモンド社　2012
・「食べること」の進化史 培養肉・昆虫食・3Dフードプリンタ（光文社新書）　石川伸一　光文社　2019
・食の歴史――人類はこれまで何を食べてきたのか　ジャック・アタリ　林昌宏訳　プレジデント社　2020
・ニワトリ 愛を独り占めにした鳥（光文社新書）　遠藤秀紀　光文社　2010
・クリーンミート 培養肉が世界を変える　ポール・シャピロ（著）　ユヴァル・ノア・ハラリ（序文）　鈴木素子訳　日経

BP　2020
・SDGsとESG時代の生物多様性・自然資本経営　藤田香　日経BP　2017
・ファーマゲドン 安い肉の本当のコスト　フィリップ・リンベリー　イザベル・オークショット　野中香方子訳　日経BP　2015
・経済と人類の1万年史から、21世紀世界を考える　ダニエル・コーエン　林昌宏訳　作品社　2013
・欲望の資本主義―ルールが変わる時　丸山俊一　NHK「欲望の資本主義」制作班　安田洋祐　東洋経済新報社　2017
・欲望の資本主義2―闇の力が目覚める時　丸山俊一　NHK「欲望の資本主義」制作班　東洋経済新報社　2018
・善と悪の経済学　トーマス・セドラチェク　村井章子訳　東洋経済新報社　2015
・続・善と悪の経済学　資本主義の精神分析　トーマス・セドラチェク　オリヴァー・タンツァー　森内 薫 訳　長谷川早苗訳　東洋経済新報社　2018
・不平等と再分配の経済学――格差縮小に向けた財政政策　トマ・ピケティ　尾上修悟訳　明石書店　2020
・シルビオ・ゲゼル入門―減価する貨幣とは何か　廣田裕之　アルテ　2009
・エンデの遺言「根源からお金を問うこと」　河邑厚徳　グループ現代　NHK出版　2000
・「衝動」に支配される世界　我慢しない消費者が社会を食いつくす　ポール・ロバーツ　東方雅美訳　2015　ダイヤモンド社

・「豊かさ」の誕生（上・下）成長と発展の文明史　ウィリアム・バーンスタイン　徳川家広訳　日本経済新聞出版　2015
・経済指標のウソ　世界を動かす数字のデタラメな真実　ザカリー・カラベル　北川知子訳　ダイヤモンド社　2017
・はじめよう、お金の地産地消―地域の課題を「お金と人のエコシステム」で解決する　木村真樹　英治出版　2017
・気候カジノ　経済学から見た地球温暖化問題の最適解　ウィリアム・ノードハウス　藤﨑香里訳　日経BP　2015
・自由と保障―ベーシック・インカム論争　トニー・フィッツパトリック　武川正吾・菊地英明訳　勁草書房　2005
・ベーシック・インカム―基本所得のある社会へ　ゲッツ・W・ヴェルナー　渡辺一男訳　現代書館　2007
・すべての人にベーシック・インカムを―基本的人権としての所得保障について　ゲッツ・W・ヴェルナー　渡辺一男訳　現代書館　2009
・ベーシック・インカム入門（光文社新書）山森亮　光文社　2009
・ベーシック・インカム　国家は貧困問題を解決できるか（中公新書）原田泰　中央公論新社　2015
・ベーシック・インカムのある暮らし　古山明男　ライフサポート社　2015
・隷属なき道　AIとの競争に勝つ　ベーシックインカムと一日三時間労働　ルトガー・ブレグマン　野中香方子訳　文藝春秋　2017
・ヘリコプターマネー　井上智洋　日本経済新聞出版　2016
・人工知能と経済の未来　2030年雇用大崩壊（文春新書）　井上智洋　文藝春秋　2016

参考文献

・人類の歴史とAIの未来　バイロン・リース　古谷美央訳　ディスカヴァー・トゥエンティワン　2019
・AI時代の新・ベーシックインカム論（光文社新書）井上智洋　光文社　2018
・成熟日本への進路「成長論」から「分配論」へ（ちくま新書）　波頭亮　筑摩書房　2010
・AIとBIはいかに人間を変えるのか（NewsPicks Book）波頭亮　幻冬舎　2018
・プロフェッショナル原論（ちくま新書）波頭亮　筑摩書房　2006
・ベーシックインカムへの道—正義・自由・安全の社会インフラを実現させるには　ガイ・スタンディング　池村千秋訳　プレジデント社　2018
・お金のために働く必要がなくなったら、何をしますか？（光文社新書）　エノ・シュミット　山森亮　堅田香緒里　山口純　光文社　2018
・みんなにお金を配ったら—ベーシックインカムは世界でどう議論されているか？　アニー・ローリー　上原裕美子訳　みすず書房　2019
・ポストコロナの「日本改造計画」デジタル資本主義で強者となるビジョン　竹中平蔵　PHP研究所　2020
・「助けて」と言える国へ—人と社会をつなぐ（集英社新書）　奥田知志　茂木健一郎　集英社　2013
・私たちはなぜ税金を納めるのか　租税の経済思想史（新潮選書）　諸富徹　新潮社　2013
・日本の税金 新版（岩波新書）　三木義一　岩波書店　2012
・決定版 消費税のカラクリ（ちくま文庫）　斎藤貴男　筑摩書房　2019

・生活保障 排除しない社会へ（岩波新書） 宮本太郎 岩波書店 2009
・共生保障〈支え合い〉の戦略（岩波新書）宮本太郎 岩波書店 2017
・新・日本の階級社会（講談社現代新書） 橋本健二 講談社 2018
・貧困を救えない国 日本（PHP新書） 阿部彩 鈴木大介 PHP研究所 2018
・子どもの貧困―日本の不公平を考える（岩波新書） 阿部彩 岩波書店 2008
・子どもの貧困Ⅱ―解決策を考える（岩波新書） 阿部彩 岩波書店 2014
・「なんとかする」子どもの貧困（角川新書） 湯浅誠 KADOKAWA 2017
・子どもの貧困と食格差 お腹いっぱい食べさせたい 阿部彩 村山伸子 可知悠子 鳫咲子 大月書店 2018
・チャイルド・プア～社会を蝕む子どもの貧困 新井直之 ティー・オーエンタテインメント 2014
・シングルマザーの貧困（光文社新書） 水無田気流 光文社 2014
・ルポ 母子家庭（ちくま新書） 小林美希 筑摩書房 2015
・アンダークラス 新たな下層階級の出現（ちくま新書） 橋本健二 筑摩書房 2018
・非正規クライシス 北川慧一 澤路毅彦 古賀大己 朝日新聞出版 2017
・雇用身分社会（岩波新書） 森岡孝二 岩波書店 2015
・年収100万円で生きる―格差都市・東京の肉声―（扶桑社新書） 吉川ばんび 扶桑社 2020
・ミッシングワーカーの衝撃 働くことを諦めた100万人の中高年（NHK出版新書） NHKスペシャル取材班 N

HK出版　2020
・富山は日本のスウェーデン　変革する保守王国の謎を解く（集英社新書）　井手英策　集英社　2018
・未来の再建（ちくま新書）　井手英策　今野晴貴　藤田孝典　筑摩書房　2018
・幸福の増税論—財政はだれのために（岩波新書）　井手英策　岩波書店　2018
・人口減少と社会保障—孤立と縮小を乗り越える（中公新書）　山崎史郎　中央公論新社　2017
・縮小ニッポンの衝撃（講談社現代新書）　NHKスペシャル取材班　講談社　2017
・日本でいちばん大切にしたい会社　坂本光司　あさ出版　2008
・日本でいちばん大切にしたい会社2　坂本光司　あさ出版　2010
・日本でいちばん大切にしたい会社3　坂本光司　あさ出版　2011
・日本でいちばん大切にしたい会社4　坂本光司　あさ出版　2013
・日本でいちばん大切にしたい会社5　坂本光司　あさ出版　2016
・日本でいちばん大切にしたい会社6　坂本光司　あさ出版　2018
・日本でいちばん女性がいきいきする会社　坂本光司　藤井正隆　坂本洋介　潮出版社　2019
・ニッポン 子育てしやすい会社　坂本光司　人を大切にする経営学会　商業界　2019
・日本の分断 切り離される非大卒若者（レッグス）たち（光文社新書）吉川徹　光文社　2018
・怠惰への讃歌（平凡社ライブラリー）　バートランド・ラッセル　堀秀彦訳　柿村峻訳　平凡社　2009

・成長から成熟へ―さよなら経済大国（集英社新書）天野祐吉　集英社　2013
・社会的共通資本（岩波新書）　宇沢弘文　岩波書店　2000
・人間の経済（新潮新書）　宇沢弘文　新潮社　2017
・経済学は人びとを幸福にできるか　宇沢弘文　東洋経済新報社　2013
・宇沢弘文の経済学 社会的共通資本の論理　宇沢弘文　日本経済新聞出版　2015
・失われた手仕事の思想（中公文庫）　塩野米松　中央公論新社　2008
・手仕事の日本（講談社学術文庫）柳宗悦　講談社　2015
・人口減少時代の都市―成熟型のまちづくりへ（中公新書）　諸富徹　中央公論新社　2018
・クルマを捨ててこそ地方は甦る（ＰＨＰ新書）　藤井聡　ＰＨＰ研究所　2017
・国民所得を80万円増やす経済政策―アベノミクスに対する5つの提案（犀の教室）　藤井聡　晶文社　2016
・信州はエネルギーシフトする―環境先進国・ドイツをめざす長野県　田中信一郎　築地書館　2018
・地元経済を創りなおす―分析・診断・対策（岩波新書）　枝廣淳子　岩波書店　2018
・水力発電が日本を救う　今あるダムで年間2兆円超の電力を増やせる　竹村公太郎　東洋経済新報社　2016
・水力発電が日本を救う ふくしまチャレンジ編　竹村公太郎監修　福島水力発電促進会議編集　東洋経済新報社　2018
・小水力発電が地域を救う―日本を明るくする広大なフロンティア　中島大　東洋経済新報社　2018

・ダムと緑のダム 狂暴化する水災害に挑む流域マネジメント　虫明功臣（監修）　太田猛彦（監修）　日経ＢＰ　２０１９
・土中環境 忘れられた共生のまなざし、蘇る古の技　高田宏臣　建築資料研究社　２０２０
・エネルギー進化論―「第４の革命」が日本を変える（ちくま新書）　飯田哲也　筑摩書房　２０１１
・電力システム改革と再生可能エネルギー　諸富徹編著　日本評論社　２０１５
・限界費用ゼロ社会〈モノのインターネット〉と共有型経済の台頭　ジェレミー・リフキン　柴田裕之訳　ＮＨＫ出版　２０１５
・スマート・ジャパンへの提言―日本は限界費用ゼロ社会へ備えよ　ジェレミー・リフキン　ＮＨＫ出版編集　ＮＨＫ出版　２０１８
・グローバル・グリーン・ニューディール　２０２８年までに化石燃料文明は崩壊、大胆な経済プランが地球上の生命を救う　ジェレミー・リフキン　幾島幸子訳　ＮＨＫ出版　２０２０
・エネルギー問題入門―カリフォルニア大学バークレー校特別講義　リチャード・Ａ・ムラー　二階堂行彦訳　楽工社　２０１４
・「再エネ大国 日本」への挑戦　再生可能エネルギー＋循環型社会が人口減少と温暖化の危機を救う！　山口豊　スーパーＪチャンネル土曜取材班　山と溪谷社　２０２０
・小さな地球の大きな世界 プラネタリー・バウンダリーと持続可能な開発　Ｊ・ロックストローム　Ｍ・クルム　武内和

彦監修　石井菜穂子監修　谷淳也訳　森秀行訳　丸善出版　2018
・歴史を変えた気候大変動（河出文庫）　ブライアン・フェイガン　東郷えりか訳　桃井緑美子訳　河出書房新社　2009
・2052今後40年のグローバル予測　ヨルゲン・ランダース　竹中平蔵解説　野中香方子訳　日経BP　2013
・ルポ　にっぽんのごみ（岩波新書）　杉本裕明　岩波書店　2015
・環境省の大罪　杉本裕明　PHP研究所　2012
・環境再興史　よみがえる日本の自然（角川新書）　石弘之　KADOKAWA　2019
・海洋プラスチック汚染　「プラなし」博士、ごみを語る（岩波科学ライブラリー）　中嶋亮太　岩波書店　2019
・脱プラスチックへの挑戦　持続可能な地球と世界ビジネスの潮流　堅達京子　BS1スペシャル取材班　山と溪谷社　2020
・プラスチック汚染とは何か（岩波ブックレット）　枝廣淳子　岩波書店　2019
・海と地域を蘇らせる　プラスチック「革命」　グンター・パウリ　マルコ・シメオーニ　枝廣淳子監訳　五頭美知訳　日経ESG編集　日経BP　2020
・地球に住めなくなる日　「気候崩壊」の避けられない真実　デイビッド・ウォレス・ウェルズ　藤井留美訳　NHK出版　2020
・ホモ・デウス（上・下）　テクノロジーとサピエンスの未来　ユヴァル・ノア・ハラリ　柴田裕之訳　河出書房新社　2

０１８
・反脆弱性（上・下）―不確実な世界を生き延びる唯一の考え方　ナシーム・ニコラス・タレブ　望月衛監修　千葉敏生訳　ダイヤモンド社　２０１７
・アスペルガー症候群のある子どものための新キャリア教育　小・中学生のいま、家庭と学校でできること　本田秀夫　日戸由刈　金子書房　２０１３
・子どもの「心の病」を知る（ＰＨＰ新書）　岡田尊司　ＰＨＰ研究所　２００５
・悲しみの子どもたち―罪と病を背負って（集英社新書）　岡田尊司　集英社　２００５
・愛着崩壊　子どもを愛せない大人たち（角川選書）　岡田尊司　ＫＡＤＯＫＡＷＡ／角川学芸出版　２０１２
・ストレスと適応障害　つらい時期を乗り越える技術（幻冬舎新書）　岡田尊司　幻冬舎　２０１３
・回避性愛着障害　絆が稀薄な人たち（光文社新書）　岡田尊司　光文社　２０１３
・働く人のための精神医学（ＰＨＰ新書）　岡田尊司　ＰＨＰ研究所　２０１３
・誇大自己症候群　あなたを脅かす暴君の正体（朝日文庫）　岡田尊司　朝日新聞出版　２０１７
・過敏で傷つきやすい人たち（幻冬舎新書）　岡田尊司　幻冬舎　２０１７
・ネオサピエンス　回避型人類の登場　岡田尊司　文藝春秋　２０１９
・死に至る病　あなたを蝕む愛着障害の脅威（光文社新書）　岡田尊司　光文社　２０１９
・かけがえのない人間（講談社現代新書）　上田紀行　講談社　２００８

・「自殺社会」から「生き心地の良い社会」へ（講談社文庫） 清水康之 上田紀行 講談社 ２０１０
・強いられる死 自殺者三万人超の実相（河出文庫） 斎藤貴男 河出書房新社 ２０１２
・人生の〈逃げ場〉会社だけの生活に行き詰まっている人へ（朝日新書） 上田紀行 朝日新聞出版 ２０１５
・立て直す力（中公新書ラクレ） 上田紀行 中央公論新社 ２０１９
・一万年の進化爆発 グレゴリー・コクラン ヘンリー・ハーペンディング 古川奈々子訳 日経ＢＰ ２０１０
・人は感情によって進化した 人類を生き残らせた心の仕組み（ディスカヴァー携書） 石川幹人 ディスカヴァー・トゥエンティワン ２０１１
・生物の「安定」と「不安定」生命のダイナミクスを探る（ＮＨＫブックス） 浅島誠 ＮＨＫ出版 ２０１６
・幼児教育の経済学 ジェームズ・Ｊ・ヘックマン 大竹文雄解説 古草秀子訳 東洋経済新報社 ２０１５
・私たちは子どもに何ができるのか―非認知能力を育み、格差に挑む ポール・タフ 高山真由美訳 英治出版 ２０１７
・自閉症という謎に迫る 研究最前線報告（小学館新書） 金沢大学子どものこころの発達研究センター監修 小学館 ２０１３
・８０５０問題の深層「限界家族」をどう救うか（ＮＨＫ出版新書） 川北稔 ＮＨＫ出版 ２０１９
・ケーキの切れない非行少年たち（新潮新書） 宮口幸治 新潮社 ２０１９
・教育格差―階層・地域・学歴（ちくま新書） 松岡亮二 筑摩書房 ２０１９

・ルポ 教育困難校（朝日新書） 朝比奈なを 朝日新聞出版 ２０１９
・刑務所しか居場所がない人たち 学校では教えてくれない、障害と犯罪の話 山本譲司 大月書店 ２０１８
・累犯障害者（新潮文庫） 山本譲司 新潮社 ２００９
・ひとり親でも子どもは健全に育ちます シングルのための幸せ子育てアドバイス 佐々木正美 小学館 ２０１２
・はじまりは愛着から 人を信じ、自分を信じる子どもに 佐々木正美 福音館書店 ２０１７
・中高年ひきこもり（幻冬舎新書） 斎藤環 幻冬舎 ２０２０
・日本社会のしくみ 雇用・教育・福祉の歴史社会学（講談社現代新書） 小熊英二 講談社 ２０１９
・子どもを攻撃せずにはいられない親（ＰＨＰ新書） 片田珠美 ＰＨＰ研究所 ２０１９
・未来の年表 人口減少日本でこれから起きること（講談社現代新書） 河合雅司 講談社 ２０１７
・未来の年表２ 人口減少日本であなたに起きること（講談社現代新書） 河合雅司 講談社 ２０１８
・未来の地図帳 人口減少日本で各地に起きること（講談社現代新書） 河合雅司 講談社 ２０１９
・未来年表 人口減少危機論のウソ（扶桑社新書） 髙橋洋一 扶桑社 ２０１８
・２０５０年 世界人口大減少 ダリル・ブリッカー ジョン・イビットソン 河合雅司解説 倉田幸信訳 文藝春秋 ２０２０
・日本の少子化対策はなぜ失敗したのか？ 結婚・出産が回避される本当の原因（光文社新書） 山田昌弘 光文社 ２０２０

・人口減少社会のデザイン　広井良典　東洋経済新報社　2019
・人口で語る世界史　ポール・モーランド　渡会圭子訳　文藝春秋　2019
・「マルトリートメント（子ども虐待）と子どものレジリエンス」奥山眞紀子（公益財団法人日本学術協力財団『学術の動向』2010年4月号　特集　望ましい子どものこころの育ちと環境を実現するために）
・実は危ない！その育児が子どもの脳を変形させる　友田明美　PHP研究所　2019
・親の脳を癒やせば子どもの脳は変わる（NHK出版新書）友田明美　NHK出版　2019
・ハウジングファースト 住まいからはじまる支援の可能性　稲葉剛（著、編集）　森川すいめい（著、編集）　小川芳範（著、編集）　熊倉陽介（著）　山北輝裕（著）　吉田涼（著）　小林美穂子（著）　大澤優真（著）　渡邊乾（著）　高橋慎一（著）　山吹書店　2018
・住宅貧乏物語（岩波新書）　早川和男　岩波書店　1979
・居住福祉の論理　早川和男　岡本祥浩　東京大学出版会　1993
・居住福祉（岩波新書）　早川和男　岩波書店　1997
・家賃滞納という貧困（ポプラ新書）　太田垣章子　ポプラ社　2019
・負動産時代 マイナス価格となる家と土地（朝日新書）　朝日新聞取材班　朝日新聞出版　2019
・ソーシャルワーカー（ちくま新書）　井手英策　柏木一恵　加藤忠相　中島康晴　筑摩書房　2019
・いまこそ税と社会保障の話をしよう！　井手英策　東洋経済新報社　2019

参考文献


・分断社会を終わらせる 「だれもが受益者」という財政戦略（筑摩選書） 井手英策 古市将人 宮﨑雅人 筑摩書房 2016
・中高年ひきこもり―社会問題を背負わされた人たち―（扶桑社新書） 藤田孝典 扶桑社 2019
・「助けて」が言えない SOSを出さない人に支援者は何ができるか 松本俊彦 日本評論社 2019
・本当の貧困の話をしよう 未来を変える方程式 石井光太 文藝春秋 2019
・自分をコントロールする力 非認知スキルの心理学（講談社現代新書） 森口佑介 講談社 2019
・ヒトの発達の謎を解く 胎児期から人類の未来まで（ちくま新書） 明和政子 筑摩書房 2019
・「鬼畜」の家 わが子を殺す親たち（新潮文庫） 石井光太 新潮社 2019
・育てられない母親たち（祥伝社新書） 石井光太 祥伝社 2020
・虐待された少年はなぜ、事件を起こしたのか（平凡社新書） 石井光太 平凡社 2019
・お母さんの「敏感期」 モンテッソーリ教育は子を育てる、親を育てる（文春文庫） 相良敦子 文藝春秋 2007
・教師崩壊 先生の数が足りない、質も危ない（PHP新書） 妹尾昌俊 PHP研究所 2020
・生きる―どんなにひどい世界でも 茂木健一郎 長谷川博一 主婦と生活社 2019
・「家族の幸せ」の経済学～データ分析でわかった結婚、出産、子育ての真実～（光文社新書） 山口慎太郎 光文社 2019
・保育園問題―待機児童、保育士不足、建設反対運動（中公新書） 前田正子 中央公論新社 2017

・「孤独な育児」のない社会へ　未来を拓く保育（岩波新書）　榊原智子　岩波書店　２０１９
・保育園に通えない子どもたち―「無園児」という闇（ちくま新書）　可知悠子　筑摩書房　２０２０
・発達障害に生まれて―自閉症児と母の17年　松永正訓　中央公論新社　２０１８
・発達障害（文春新書）　岩波明　文藝春秋　２０１７
・発達障害グレーゾーン（扶桑社新書）　姫野桂　扶桑社　OMGray事務局（特別協力）　２０１８
・「自閉症」の時代（講談社現代新書）　竹中均　講談社　２０２０
・奇跡のホルモン・スイッチ　潜在能力を引き出す（幻冬舎新書）　加藤雅俊　幻冬舎　２０１９
・やせる！若返る！病気を防ぐ！　腸内フローラ10の真実　ＮＨＫスペシャル取材班　主婦と生活社　２０１５
・福祉は誰のために―ソーシャルワークの未来図（へるす出版新書）　鶴幸一郎　藤田孝典　石川久展　高端正幸　へるす出版　２０１９
・私とは何か―「個人」から「分人」へ（講談社現代新書）　平野啓一郎　講談社　２０１２
・「生命力」の行方―変わりゆく世界と分人主義　平野啓一郎　講談社　２０１４
・考える葦　平野啓一郎　キノブックス　２０１８
・脳からみた心（角川ソフィア文庫）　山鳥重　角川学芸出版　２０１３
・年金不安の正体（ちくま新書）　海老原嗣生　筑摩書房　２０１９
・精神科医がみた老いの不安・抑うつと成熟（朝日選書）　竹中星郎　朝日新聞出版　２０１９

参考文献


・社会保障再考〈地域〉で支える（岩波新書）　菊池馨実　岩波書店　2019
・非正規・単身・アラフォー女性「失われた世代」の絶望と希望（光文社新書）　雨宮処凛　光文社　2018
・「ニート」って言うな！（光文社新書）　本田由紀、内藤朝雄、後藤和智　光文社　2006
・東京貧困女子。彼女たちはなぜ躓いたのか　中村淳彦　東洋経済新報社　2019
・最貧困シングルマザー（朝日文庫）　鈴木大介　朝日新聞出版　2015
・最貧困女子（幻冬舎新書）　鈴木大介　幻冬舎　2014
・女性たちの貧困〝新たな連鎖〟の衝撃　NHK「女性の貧困」取材班　幻冬舎　2014
・ルポ　貧困女子（岩波新書）　飯島裕子　岩波書店　2016
・子どもに貧困を押しつける国・日本（光文社新書）　山野良一　光文社　2014
・増補版　子どもと貧困（朝日文庫）　朝日新聞取材班　朝日新聞出版　2018
・ひとり親家庭（岩波新書）　赤石千衣子　岩波書店　2014
・教養としての社会保障　香取照幸　東洋経済新報社　2017
・残酷な進化論　なぜ私たちは「不完全」なのか（NHK出版新書）　更科功　NHK出版　2019
・残念な「オス」という生き物（フォレスト2545新書）　藤田紘一郎　フォレスト出版　2018
・したがるオスと嫌がるメスの生物学（集英社新書）　宮竹貴久　集英社　2018
・老化という生存戦略　進化におけるトレードオフ　近藤祥司　日本評論社　2015

・オスとメスはどちらが得か？（祥伝社新書）　稲垣栄洋　祥伝社　２０１６
・セックスと超高齢社会「老後の性」と向き合う（ＮＨＫ出版新書）　坂爪真吾　ＮＨＫ出版　２０１７
・セックスと障害者（イースト新書）　坂爪真吾　イースト・プレス　２０１６
・生活保護リアル　みわよしこ　日本評論社　２０１３
・生活保護ＶＳワーキングプア 若者に広がる貧困（ＰＨＰ新書）　大山典宏　ＰＨＰ研究所　２００８
・最下層女子校生　無関心社会の罪（小学館新書）　橘ジュン　小学館　２０１６
・障害のある子が「親なきあと」にお金で困らない本　渡部伸　主婦の友社　２０１６
・発達障がいの子ども お金のこと 親が亡くなった後のこと　平野厚雄　パブラボ　２０１３
・子どもの最貧国・日本　学力・心身・社会におよぶ諸影響（光文社新書）　山野良一　光文社　２００８
・ヤングケアラー―介護を担う子ども・若者の現実（中公新書）　澁谷智子　中央公論新社　２０１８
・だいじょうぶ認知症 家族が笑顔で介護するための基礎知識（朝日新書）　和田行男　朝日新聞出版　２０１４
・ボクはやっと認知症のことがわかった 自らも認知症になった専門医が、日本人に伝えたい遺言　長谷川和夫　ＫＡＤＯＫＡＷＡ　２０１９
・ルポ 中年フリーター「働けない働き盛り」の貧困（ＮＨＫ出版新書）　小林美希　ＮＨＫ出版　２０１８
・超ソロ社会「独身大国・日本」の衝撃（ＰＨＰ新書）　荒川和久　ＰＨＰ研究所　２０１７
・結婚滅亡～「オワ婚」時代のしあわせのカタチ　荒川和久　あさ出版　２０１９

・ソロエコノミーの襲来（ワニブックスＰＬＵＳ新書）　荒川和久　ワニブックス　２０１９
・社会的ひきこもり 終わらない思春期（ＰＨＰ新書）　斎藤環　ＰＨＰ研究所　１９９８
・大人のひきこもり 本当は「外に出る理由」を探している人たち（講談社現代新書）　池上正樹　講談社　２０１４
・ひきこもる女性たち（ベスト新書）　池上正樹　ベストセラーズ　２０１６
・ルポ ひきこもり未満 レールから外れた人たち（集英社新書）　池上正樹　集英社　２０１８
・老いる東京（角川新書）　佐々木信夫　ＫＡＤＯＫＡＷＡ　２０１７
・下り坂をそろそろと下る（講談社現代新書）　平田オリザ　講談社　２０１６
・つくられた格差　不公平税制が生んだ所得の不平等　エマニュエル・サエズ　ガブリエル・ズックマン　山田美明訳
光文社　２０２０
・ことばの発達の謎を解く（ちくまプリマー新書）　今井むつみ　筑摩書房　２０１３
・「人間国家」への改革 参加保障型の福祉社会をつくる（ＮＨＫブックス）　神野直彦　ＮＨＫ出版　２０１５
・賃上げ立国論　山田久　日本経済新聞出版社　２０２０
・世界は贈与でできている──資本主義の「すきま」を埋める倫理学　近内悠太　NewsPicksパブリッシング　２０２０
・コロナショック・サバイバル 日本経済復興計画　冨山和彦　文藝春秋　２０２０
・ウイルスの意味論──生命の定義を超えた存在　山内一也　みすず書房　２０１８
・気候危機（岩波ブックレット）　山本良一　岩波書店　２０２０

・10万年の未来地球史　カート・ステージャ　岸由二監修　小宮繁訳　日経ＢＰ　２０１２
・地震と噴火は必ず起こる―大変動列島に住むということ　巽 好幸　新潮社　２０１２
・消滅世界（河出文庫）　村田沙耶香　河出書房新社　２０１８
・グスコーブドリの伝記　猫の事務所　どんぐりと山猫（ますむら・ひろし賢治シリーズ）　ますむら・ひろし　宮沢賢治原作　扶桑社　１９９５
・負債論　貨幣と暴力の５０００年　デヴィッド・グレーバー　酒井隆史監翻訳　高祖岩三郎訳　佐々木夏子訳　以文社　２０１６

著者略歴

**西野 卓郎**（にしの たくろう）

1960年兵庫県神戸市生まれ。1985年東京都庁入庁。水道局、企画審議室、都立大学事務局、大学管理本部、総務局に勤務。人事・労務、地方分権推進、水循環、緑化、留学生支援、大学改革、生涯学習、公衆衛生、ホームレス支援、防災、被災地支援、廃棄物、まちづくり等の分野に携わる。担当した主な報告書等「東京都地方分権検討委員会答申:東京の自治のさらなる発展をめざして」「とうきょうプラン'95生活都市東京をめざして:東京都総合3か年計画」。現在、特別区長会調査研究機構 主任研究員。

**幻冬舎ルネッサンス新書 229**

---

ベーシックインカムから考える
幸福のための安全保障
2021年5月28日　第1刷発行

著　者　西野 卓郎
発行人　久保田 貴幸

発行元　株式会社 幻冬舎メディアコンサルティング
〒151-0051　東京都渋谷区千駄ヶ谷4-9-7
電話　03-5411-6440（編集）

発売元　株式会社 幻冬舎
〒151-0051　東京都渋谷区千駄ヶ谷4-9-7
電話　03-5411-6222（営業）

ブックデザイン　田島 照久
印刷・製本　中央精版印刷株式会社

---

検印廃止

ISBN 978-4-344-93454-2　C0236
幻冬舎メディアコンサルティングHP
http://www.gentosha-mc.com/